Olivia Cattan

D'un monde à l'autre

L'autisme : le combat d'une mère

Postface du Dr Corinne Skorupka

Max Milo
Essais-Documents

www.maxmilo.com
ISBN : 978-2-315-00492-8

À mon petit champion Ruben, mon fils, mon ange, mon âme sœur qui a su donner à ma vie tout son sens. Puissent ces pages te faire comprendre la force et l'immensité de mon amour...

Préambule
L'autiste invisible

On nous dit qu'il y en a six cent mille en France mais où sont-ils ?

Ils ne sont pas dans les écoles ni dans les centres de loisirs, les salles de sport ou les conservatoires, pas même dans le métro, les magasins ou les entreprises.

Pire que des enfants cachés pendant la guerre, ce sont des fantômes invisibles qui errent aux frontières de notre monde à la recherche d'une main tendue et d'un peu de lumière.

Est-ce leurs parents qui les cachent ?

Se censurant eux-mêmes en voulant protéger la chair de leur chair du regard d'autrui ?

Les sortent-ils seulement la nuit pour qu'ils puissent sentir la brise du soir et le reflet de la lune sur leurs visages ?

Parce que le regard des gens n'est pas bienveillant et qu'il est curieux, moqueur et insultant ! Comme si l'autisme était un terrible virus qui risquait de s'attraper en un instant !

Et quel est le visage de l'autisme que l'on nous montre sans cesse ? Sinon celui d'un enfant ou d'un surdoué adulte ?
L'enfant parce qu'il reste angélique et inoffensif, le surdoué parce qu'il est plus intelligent que la norme des gens ?

Pourquoi ne voit-on jamais d'adulte autiste ou de petits vieux autistes ?
Est-ce qu'il existe des autistes mariés ? Des autistes qui ont une sexualité ? Des autistes diplômés ? Des autistes syndicalistes ou employés ? Des autistes élus ou retraités ?
Ils existent probablement mais qui veut les montrer ?
Comme si le fait de croire qu'ils ne peuvent pas penser impliquait qu'ils n'aient pas d'avenir ou même le droit de vieillir.
Alors on les cache jusqu'à les oublier.

Oublier qu'ils existent et qu'ils sont six cent mille en France à errer d'hôpital en asile, exilés dans leur propre pays qui leur refuse l'asile et le droit d'exister.

I : L'autre chemin

C'est l'histoire d'un long parcours.

Devenir mère peut parfois vous emmener sur des chemins inconnus sur lesquels vous ne pensiez jamais aller.

C'était un 13 décembre 2005, quelques jours avant Noël, lorsque mon petit garçon Ruben poussa son premier cri à une heure du matin. C'était mon troisième enfant, le petit dernier que l'on fait pour se faire plaisir, pour ne pas vieillir trop vite et en avoir encore un à la maison, une fois que les deux grandes filles partiraient vivre leurs propres vies.

Cette nuit-là, je pris mon fils fièrement dans mes bras. Je me mis à regarder son visage, ses petites mains, ses petits pieds en recomptant chacun de ses petits doigts pour vérifier qu'il ne lui manquait rien. Tout était normal. Je souris de mes angoisses. « Tout est normal », me répétais-je. « Il va bien. »

Le médecin me dit qu'il était sorti au bon moment parce qu'un nœud entourait sa gorge. « C'est un beau bébé joufflu en pleine santé de quatre kilos et deux cents grammes » ajouta-t-il. Je regardais mon mari avec tendresse, épuisée mais heureuse.

Nous l'avions enfin notre fils chéri et mon mari semblait déjà se réjouir de tout ce qu'il allait faire avec lui : jouer au foot, se plaindre des trois filles de la maison et enfin partager des « trucs de mecs ».

Je me sentais enfin soulagée. Ma grossesse avait été difficile et fatigante : Beaucoup de contractions précoces, un souffle au cœur qui s'était accentué... J'avais presque 40 ans, deux filles au caractère bien trempé. Je travaillais beaucoup, quelques piges de journaliste qu'il fallait dénicher ici et là, quelques contrats en tant qu'attachée de presse pour une maison d'édition et un livre que je venais de terminer.

Mais toutes mes inquiétudes, ma fatigue, ma souffrance lors de l'accouchement étaient déjà loin. Il était là. Ruben était là.

Alors je plongeai mon regard dans le sien et il me regarda avec une telle profondeur que j'éclatai en sanglots. Il avait de beaux cheveux châtains et de grands yeux noisette bordés de longs cils noirs. Son nez était fin. Sa bouche généreuse semblait être dessinée au fusain. Il ressemblait à ces petits angelots au visage parfait et au regard doux et rieur que je collectionnais. « Nous ferons de grandes choses », lui dis-je. « Tu es mon petit prince, mon grand amour et je serai toujours à tes côtés jusqu'à la fin de mes jours. »

Et lorsque quelques heures plus tard, je m'endormis à ses côtés, tenant ses petites mains dans les miennes, j'étais loin de me douter du sens de mes promesses. Je ne me doutais pas non plus qu'à partir de ce moment-là plus rien ne serait comme avant et que ma vie, notre vie prendrait un autre chemin.

II : Un petit génie

Ruben était un bébé joyeux, souriant, au regard lumineux. Il était le petit chouchou de la famille, ses sœurs l'adoraient.

J'avais fait le choix de ralentir mes activités pour m'occuper de lui. Mais j'avais enfin fait quelque chose qui me tenait à cœur depuis des années, créer une association afin de défendre les droits des femmes. Notre maison était devenue une véritable succursale féministe. Et toute la famille y participait à sa façon : mon mari réfléchissait avec moi aux campagnes ; mes filles créaient des tracts ; Ruben tentait de mettre les invitations dans les enveloppes et je l'emmenais très souvent avec moi lors de mes débats ou mes émissions de télévision.

Mon fils était un bébé facile et tranquille ; en y repensant peut-être était-il trop tranquille…

Mais je trouvais qu'il avait une grande capacité d'adaptation. Il aimait le changement et les voyages. Et nous partions souvent ensemble pour des petits week-ends et pour chacune de mes conférences. Je n'arrivais pas à me séparer de lui, même pour une nuit. J'avais besoin de sa présence à mes côtés.

Ruben adorait les chambres d'hôtel. Il aimait surtout découvrir le fonctionnement de la télévision et le minibar qu'il vidait dès son arrivée afin de jouer avec les bouteilles. Il les alignait parfaitement les unes à côté des autres sur le sol puis, semblant satisfait de son œuvre, les mettait à nouveau dans le minibar et recommençait la même opération à plusieurs reprises. Ruben semblait s'intéresser à tout. Les yeux grands ouverts, avide d'informations, il observait chaque détail avec attention. Et je trouvais qu'à chacun de ces voyages, Ruben progressait et s'animait davantage.

Comme tous les parents, j'essayais de l'éveiller de multiples façons : Je lui racontais des histoires, je lui chantais des chansons, je lui achetais des jouets correspondant à son âge. Mais je n'arrivais pas véritablement à jouer avec lui. Il préférait jouer seul. Il aimait bien faire des percussions avec tout ce qui lui passait sous la main, de la cuillère en bois à la brosse à cheveux. Ses jeux étaient répétitifs et toujours rythmés. Il adorait aussi la télévision, surtout les publicités qu'il regardait avec fascination, mais ne s'intéressait pas du tout aux dessins animés comme ses sœurs avaient pu le faire. Il ne mâchouillait pas non plus ses jouets et n'avait pas de doudou préféré.

Je lui avais acheté un tapis d'éveil et de jeux afin de l'inciter à se mettre à quatre pattes mais il ne semblait pas intéressé par les crapahutages de bébé. Il se mettait sur le dos et rêvait. À l'âge de 9 mois, il se mit debout et marcha sous nos yeux ébahis.

Ruben avait du caractère et ne semblait pas vouloir faire comme les autres. Je le trouvais très différent de ses sœurs au niveau de son développement et de son comportement. Même s'il prononça ses premiers mots, « papa » suivi de « maman », bien avant elles, je le trouvais moins interactif.

Dès l'âge de 1 an et demi, voyant sa sœur faire de l'ordinateur, il manifesta immédiatement son intérêt et passa beaucoup de temps à jouer à des programmes éducatifs. Il avait très vite appris à s'en servir. Il avait mémorisé le mot de passe et naviguait sur la Toile avec délectation. Il dénichait des vidéos incroyables et se les repassait en boucle. Des vidéos d'enfants ou d'animaux, des publicités qu'il avait vues à la télévision le matin même. Il était très doué pour l'informatique et se souvenait de chemins impensables pour retrouver ses vidéos préférées. Nous nous demandions même s'il ne savait pas déjà lire. Et comme tous parents, nous étions plein d'admiration pour notre petit génie.

Je l'observais souvent à son insu pendant qu'il jouait. Il prenait toujours un air sérieux, pensif, presque inquiet. Il semblait être tout le temps en train de réfléchir et d'analyser les situations. Il avait une telle vivacité et une profondeur dans le regard que je le trouvais bien plus mûr que les autres enfants de son âge.

Il se faisait comprendre par des gestes et des regards insistants lorsqu'il avait faim ou soif ou lorsqu'il voulait telle ou telle chose mais étrangement il n'essayait pas de parler. Lorsque je l'appelais par son prénom, il ne me regardait pas et cela m'agaçait. Alors je le lui répétais afin qu'il le mémorise ; il le prononçait mais ne semblait pas comprendre que derrière ce prénom, c'était lui.

Plus il grandissait, plus je le trouvais singulier et d'une intelligence au-dessus de la moyenne.

Ruben était aussi très sensible à la musique. Bien sûr, tous nos enfants l'étaient. J'avais été chanteuse, son père et moi étions pianistes et nous les avions élevés dans la musique. Mais ses goûts musicaux n'étaient pas ceux d'un enfant. Il n'aimait pas les comptines, leur préférant les Beatles qu'il avait lui-même dénichés sur le Net. Il n'avait que 2 ans lorsqu'il chantonna le concerto n° 2 de Rachmaninov en soulignant avec précision chacun des différents mouvements avec ses petites mains. Je l'imaginais déjà devenir chef d'orchestre. À chaque fois que nous prenions la voiture, il choisissait un disque et mettait la bonne piste pour écouter son morceau préféré. Il semblait avoir mémorisé l'ordre des chansons de plusieurs CD. Il avait même instauré quelques rituels. Il avait ses disques de la semaine et ceux du week-end. Et lorsque nous allions dans notre petit chalet à la campagne, il mettait le disque de Laurent Voulzy, nous indiquant qu'il avait parfaitement compris où nous allions.

Plus il grandissait, plus ce côté « petit génie » s'affirmait. Il m'étonnait, m'intriguait, m'impressionnait. Mais toutes ses particularités qu'il développait ne m'inquiétaient pas, au contraire, elles me confortaient dans l'idée que Ruben était d'une intelligence rare.

Ses manifestations d'émotion étaient, elles aussi, déconcertantes. Il pleurait parfois sans raison ou riait devant une publicité qui n'était pas drôle. Peut-être voyait-il des choses que nous n'arrivions plus à voir parce que nous n'avions plus notre regard d'enfant.

Il avait aussi sa manière bien à lui de me montrer son amour : il ne m'embrassait pas et ne me serrait pas dans ses bras mais se lovait sur ma poitrine comme un petit bébé qui cherche le sein. Il faut dire que je l'avais allaité jusqu'à ses 2 ans, comme je l'avais fait pour ses sœurs. Peut-être l'avais-je allaité trop longtemps ? Parce que même après son sevrage, il continuait à me mordiller le sein comme une tétine, pour s'endormir, lorsqu'il se faisait mal, ou pour calmer ses colères. Et je n'arrivais toujours pas à lui enlever cette habitude qui devenait gênante et aliénante.

À côté de tout ça, son langage ne se développait toujours pas. Après ses quelques mots arrivés très tôt, plus rien. Cela me préoccupait comme n'importe quel parent. Mais je n'étais pas plus inquiète que ça. Après tout, les enfants évoluaient tous de façon différente et Ruben n'était pas mutique. Il communiquait avec son visage, ses yeux, ses mains. Mais il ne babillait pas comme les autres et il avait inventé un langage à lui, fait de sons gutturaux aux rythmes cadencés. Il répétait des mots comme *Meshi'ha*. Nous en rigolions parfois en nous disant que dans sa vie antérieure ce petit juif séfarade avait dû être ashkénaze. Peut-être nous parlait-il tout simplement Yiddish !

Mais plus le temps passait, plus son silence commençait à me peser. Et ce langage inventé et codé me tapait sur le système parce que je n'arrivais pas à le déchiffrer. En plus, lorsque je n'arrivais pas à le comprendre, il se mettait en colère. Et ses colères devenaient de plus en plus fortes et fréquentes.

Mon mari et ma mère me disaient que j'aurais dû le sevrer plus tôt, que je le couvais trop, le considérant comme un bébé et qu'il fallait que j'arrête mes fixations sur son langage.

« A-t-on déjà vu un enfant qui ne parle pas ? » se moquaient-ils.

Et là encore, je culpabilisais en me disant qu'ils avaient sûrement raison. Ruben finirait par parler. De plus, nous l'avions emmené voir différents pédiatres. Tous les examens avaient été normaux et ils m'avaient tous rassurée. Je me faisais sans doute du souci pour rien.

Lors d'une nouvelle consultation, mon pédiatre m'expliqua que les petits garçons étaient moins précoces que les filles, qu'Einstein avait parlé à 6 ans et qu'il ne fallait pas s'inquiéter.

« Vous savez, c'est le petit dernier, il prend son temps et refuse de grandir. Et puis trois femmes à la maison, ça prend de la place. Vous devez sûrement le castrer ! » avait-il ajouté.

Je trouvais cette dernière remarque freudienne d'une misogynie à pleurer. Passons. Il avait raison sur un point. Ruben n'avait que 2 ans. Il avait encore le temps d'apprendre à parler. Il avait peut-être juste envie de rester dans mes jupons. Et cette idée de le pouponner plus longtemps ne me déplaisait pas tant que ça, j'aimais tellement m'occuper de mon petit bonhomme.

Il fallait que j'arrête de prêter attention à son langage. Je devais me montrer patiente et le laisser grandir à son rythme.

Mais plusieurs mois passèrent et Ruben semblait se développer de façon désorganisée.

Il progressait dans ses jeux, sa gestuelle, sa compréhension mais ne parlait toujours pas.

Il jouait au tennis avec son papa et battait sa sœur aux jeux vidéo mais avait très peur de monter sur une balançoire au parc.

Il ne faisait plus pipi au lit la nuit mais refusait d'enlever sa couche dans la journée. Et lorsque j'essayais de l'emmener aux toilettes, cela provoquait en lui une peur panique inexplicable.

Au niveau de son alimentation, il refusait le moindre aliment solide. Il ne mastiquait pas et semblait ne pas comprendre qu'il fallait mâcher avant d'avaler. Et j'avais tout essayé : Les petits gâteaux de bébé, les pots avec des petits morceaux... Mais dès que la texture n'était pas lisse, il recrachait l'aliment comme s'il ne supportait pas la sensation. Et je devais tout lui passer au mixeur ou prendre des pots pour tout-petits.

Je l'emmenais de nouveau chez son pédiatre afin de lui parler de son développement que je trouvais incohérent et déconcertant. Ruben allait fêter ses 3 ans et je voyais bien que quelque chose n'allait pas. Le pédiatre n'était pas inquiet, mais, afin de calmer mes angoisses, il me conseilla de consulter un ami à lui, pédopsychiatre.

Situé dans un quartier chic de Paris, il nous reçut rapidement. J'y allai à contrecœur, détestant les psys. Entre eux et moi, c'était une longue histoire, liée à l'enfance. Une histoire que je n'avais pas envie de me rappeler et qui resurgissait insidieusement.

III : Blessure d'enfance

« Nul ne guérit de son enfance. »
Jean Ferrat

Mon frère souffrait, paraît-il, d'un mal inconnu, appelé psychose. Il avait subi un traumatisme suite aux attentats de Carlos, rue Marbeuf. Les vitres de son école primaire avaient été soufflées lors de l'explosion. Et mon frère était sorti de l'école, errant plusieurs heures tout seul avant qu'on ne le retrouve, apeuré, aux Champs-Élysées. Il avait 7 ans. Personne ne sut dire si ce fut cet attentat qui provoqua son mal ou s'il le portait déjà en lui dès sa naissance. Je sais simplement qu'il était plus sensible que les autres et qu'il avait peur de descendre l'escalier. Mais je me rappelle aussi qu'il parlait bien, que nous jouions aux petits soldats de plomb et que je l'aimais comme une sœur aime son petit frère plus jeune de six ans.

Je me souviens encore de la détresse que je lisais sur le visage de ma mère sans en comprendre la raison, son silence pesant si lourd sur mon cœur de petite fille.

Puis le directeur du lycée de notre chère école publique expliqua à ma mère que mon frère était trop lent et qu'il devait quitter l'école. Selon ce monsieur, il existait des « endroits spécialisés » qui pourraient l'accueillir. Il n'était alors qu'en quatrième.

Pourtant, il avait un bon niveau général, il était juste un peu lent et pas très bon en mathématiques. Il adorait la musique. Il chantait très bien et avait appris la guitare en un temps record. Il jouait du classique et du flamenco à la perfection. Il avait des amis gitans et jouait avec eux tous les soirs dans l'arrière-salle d'un magasin d'instruments situé dans le IXe arrondissement de Paris. Il apprenait aussi les langues avec une facilité incroyable et semblait doué pour tellement de choses.

Mais la décision des instances du lycée était prise, il devait quitter l'école afin d'être soutenu davantage dans ses apprentissages.

Ces « endroits spécialisés » n'étaient en fait que de sordides hôpitaux de jour pour des enfants hors norme dont on ne sait que faire. Des mouroirs où toutes les formes de faiblesse et de folies se côtoient. Toutes ces pauvres âmes perdues étaient mélangées quel que soit le trouble que ces enfants présentaient.

Mon frère ne supportait pas ces endroits effrayants. Il avait peur de la violence de certains adolescents, de leurs crises et de leurs cris stridents qui le heurtaient au plus profond. Alors il fuguait afin de fuir la folie, la tristesse et l'ennui. Lui, qui avait soif d'apprendre, n'apprenait plus rien.

Ma mère l'engueulait et le remettait là-bas mais il ne se sentait pas à sa place.

Alors les psys, ces grands hommes qui nous disent tout savoir, et que ma mère croyait, lui proposèrent de le forcer un peu. Il finirait bien par s'y faire et par accepter l'inacceptable. « Avec quelques cachets, il sera plus docile, plus calme », lui assuraient-ils.

Après tout, comme ça, il ne pourra plus penser, plus ressentir. Il ne se rendra pas compte que la société n'avait pas voulu de lui, parce qu'il était un peu différent, si peu différent pourtant.

Et c'est ainsi que mon premier petit prince aux cheveux bouclés, à la silhouette élancée et à la joie de vivre éclatante se mit à ne plus se lever le matin, à vivre dans le brouillard et à grossir, grossir jusqu'à ce que des problèmes de santé finissent par arriver.

Les cachets de toutes les couleurs prescrits par ces grands spécialistes avaient fait quelques dégâts sur son estomac. Mais cela, personne ne l'avait dit à ma mère. Personne ne l'avait prévenue. Comme si à côté du reste, cela n'était pas si grave. Et peu à peu, mon petit frère perdit définitivement ce regard lumineux au profit d'un regard naviguant de la tristesse au vide.

Mais les psys étaient contents. Ils ne lui avaient bousillé que son corps et quelques neurones. Ils disaient fièrement « lui avoir évité le pire ». Ils avaient raison, ils lui avaient évité de vivre, d'étudier, de travailler, de fonder une famille, d'avoir un avenir.

Ils lui avaient juste volé sa vie tout comme ce directeur d'établissement scolaire qui, sans le savoir probablement, avait précipité sa descente aux enfers.

Voilà comment son nom, inscrit autrefois sur une liste d'élèves de notre grande école publique, devint un matricule anonyme sur un dossier de la MDPH[1].

Voilà pourquoi j'étais partie si tôt de chez mes parents. Pourquoi mon début de vie de femme avait été si douloureux, gardant de cette blessure d'enfant une fragilité et une colère que le temps n'apaiserait jamais.

---

1. Maison départementale des personnes handicapées.

IV : Le parcours du combattant. Acte I

« Moi, j'aimerais être une fée, parce que je pourrais lui envoyer un sort pour qu'il préfère être ici que sur la lune. Alors je lui donnerais la main pour qu'il vienne avec moi. »
Tiré du film d'animation *Mon petit frère de la lune*
de Frédéric Philibert

Voilà pourquoi aussi, bien des années plus tard, je regardais ce pédopsychiatre, petit bonhomme froid et insipide se tenant tout droit sur sa chaise avec tant de méfiance et tant d'appréhension.

Mais ce jour-là, il ne nous dit rien. Rien qui nous alarma, rien qui nous réjouit ou qui nous apprit quelque chose. Ayant déjà cherché sur le Net toutes les pathologies dont pouvait souffrir mon fils, je lui citais parmi eux « l'autisme », ce qui fit bondir mon mari, qui ne partageait pas du tout mes craintes.

Mais il me répondit que ce n'était probablement pas cela. D'un ton monocorde, il nous expliqua que, de toute façon, il était trop tôt pour s'inquiéter, que Ruben avait simplement un retard de langage mais qu'il semblait être dans la communication et que nous aviserons plus tard. Puis il ajouta, avec une ridicule préciosité, pour nous et pour son petit magnétophone, qu'il nous fallait consulter une orthophoniste. Ce que nous fîmes immédiatement.

Cette orthophoniste, qui avait un certain âge, utilisait d'anciennes méthodes qui n'amenèrent aucune verbalisation de la part de Ruben. Il l'appelait « Mimi », l'aimait bien et jouait aux petites voitures. Alors nous l'emmenions à son cabinet, deux fois par semaine, en attendant le miracle. En vain. Ruben ne parlait toujours pas mais disait quelques syllabes signifiantes comme « mage » pour fromage et quelques mots-phrases comme « Coca, d'accord ». Mais ce n'était que des mots épars, sans aucune syntaxe.

Une de ses collègues nous avait conseillé de consulter un pédopsychiatre de CMPP[2], me disant qu'ils avaient une grande expérience et qu'ils diagnostiqueraient facilement ce dont souffrait Ruben. Même si je n'y croyais pas vraiment, je pris rendez-vous.

Que pouvions-nous faire d'autre d'ailleurs ? Nous étions dans le noir total, le néant. Perdus face à notre fils qui était devenu une véritable énigme. Nous observions chacune de ses attitudes ; nous essayions de déchiffrer chacun de ses regards ; nous cherchions dans des livres de psychologie ; nous demandions conseil auprès de nos amis. Connaissaient-ils un bon pédiatre, un bon psy qui pourrait nous aider ?

Nous étions déjà allé voir une bonne partie de ce qui se fait de mieux dans le domaine médical de la capitale. Alors nous nous

2. Centres médico-psycho-pédagogiques.

disions que peut-être celui-là finirait par trouver pourquoi Ruben ne parlait toujours pas.

Le pédopsychiatre du CMPP nous proposa un suivi régulier. Nous y allions une fois par semaine. Il ressemblait au comédien Richard Dreyfuss en plus négligé et dépressif. Il restait là, immobile sur sa chaise à regarder Ruben jouer au sol avec des petites voitures. Mon mari et moi échangions des regards complices, ne comprenant pas ce qu'il était en train de faire au juste. Mais nous supposions qu'avant de commencer le véritable travail avec lui, il l'observait afin de l'évaluer. Les séances s'enchaînaient et il ne se passait toujours rien. Il ne nous parlait presque pas et lorsque j'essayais d'entamer une conversation à la fin de la séance afin de lui parler du comportement de Ruben à la maison, il y coupait court en me faisant comprendre que la séance était terminée.

La vie familiale devenait difficile. Nous essayions de jongler entre les trois enfants, nos boulots respectifs mais plus rien ne fonctionnait. Le problème de Ruben était devenu une sorte de grain de sable qui avait déréglé toute la machine routinière familiale. Les filles commençaient à déprimer et nous n'allions pas très bien non plus, mais chacun de notre côté.

Nous nous étions repliés sur nous-mêmes. Nous ne sortions plus, ayant peur des crises de Ruben. Et nos amis, notre famille nous appelait de moins en moins. Je ne sais pas si ce sont eux qui n'osaient plus nous téléphoner ou si c'est nous qui nous isolions. Mais nous nous sentions lâchés par nos proches, seuls au monde face à nos problèmes.

Nous avions l'impression que tout nous échappait et que nous n'avions plus le contrôle de nos vies.

Ruben devenait de plus en plus agité, même la nuit. Il se réveillait une nuit sur deux afin de nous rejoindre dans notre lit. Il se mettait entre nous et se collait à moi comme un petit animal apeuré. Je mettais plusieurs minutes avant de réussir à le rassurer et il se rendormait dans mes bras. J'étais un peu inquiète et mon mari me réconfortait en me disant que ce n'était qu'un caprice d'enfant, que nous ne devions pas céder et qu'il fallait que je le recouche dans son lit, une fois endormi. Mais à chaque fois que j'essayais de l'y remettre, il se réveillait et je finissais par capituler, vaincue par l'épuisement. Ses problèmes de sommeil m'étonnaient. Ruben avait toujours bien fait ses nuits, et ce, dès le retour de la maternité, pour notre plus grand bonheur. Peut-être faisait-il des cauchemars ? Sa sœur en faisait à peu près au même âge mais elle, elle nous le disait parce qu'elle parlait.

Nous en avions discuté avec le pédopsychiatre qui nous avait expliqué qu'à cet âge-là, les enfants se mettent à développer des peurs et qu'il ne fallait pas s'inquiéter. « Peut-être, disait-il, était-ce aussi un simple caprice, une envie de séparer le couple en se mettant au milieu, une envie de ne pas quitter sa maman avec laquelle il a développé une sorte de fusion. » Mais ses explications psychanalytiques ne nous aidaient pas beaucoup. Nous n'avions pas l'intention de faire une thèse sur le sommeil des enfants de 3 ans. Ce qui nous aurait intéressés, c'est qu'il nous explique davantage quoi faire afin d'aider notre fils à dormir la nuit et surtout comment calmer ses angoisses.

Alors nous avons tout essayé : la fermeté, la douceur, la camomille et les sirops homéopathiques, les massages, le fameux nounours de *Bonne nuit les petits*. Mais rien n'y faisait.

J'essayais même de le bercer en lui chantonnant des airs qu'il aimait bien. Il plongeait ses yeux dans les miens et m'écoutait religieusement chanter sa chanson préférée, *T'es beau* de Pauline Croze. À la fin de la chanson, il disait avec sa toute petite voix « encore » et je la chantais et la rechantais des dizaines de fois jusqu'à épuisement.

Nous tentions pourtant d'être imaginatifs et de mettre en place de nouveaux scénarios afin de l'inciter à dormir. Mais ni le marchand de sable ni nos rituels n'arrivaient à apaiser notre beau petit prince. Et il n'était pas question d'écouter mon pédiatre qui m'avait prescrit un calmant assez puissant. Avec l'histoire de mon frère, j'étais réfractaire à ce genre de médication.

La situation empirait de semaine en semaine jusqu'à ce que Ruben refuse catégoriquement de se coucher. Il jouait à l'ordinateur ou à des jeux répétitifs et refusait de dormir. Et dès que je le couchais, il paniquait et se mettait à pleurer et à crier. De plus, il nous implorait de laisser la lumière et la télévision allumées.

Je partageais les nuits avec mon mari : je prenais le premier tour de garde et il assurait le deuxième. Nous avions l'impression d'être des infirmiers au chevet de notre fils. Des petits rats de laboratoire que l'on maintient éveillés avec de la lumière dans les yeux et un fond sonore insupportable.

Ces nuits semblaient sans fin. Nous devions résister à cette terrible envie de dormir afin de ne pas relâcher la surveillance. Nos nerfs étaient mis à rude épreuve. Nous guettions l'aube avec empressement parce que c'est à ce moment-là qu'il abdiquait enfin et qu'il s'endormait. Nos deux filles n'en pouvaient plus parce que toute cette agitation les empêchait, elles aussi, de dormir.

Tout au long de cette période qui me parût durer une éternité, nous vivions dans un tunnel sans espoir de lumière, comme des zombies, assurant nos tâches familiales comme deux parfaits automates. Nous n'avions plus de vie de famille ou de couple.

D'ailleurs, nous ne vivions plus, nous survivions.

Une année entière venait de s'écouler entre les séances chez l'orthophoniste et le pédopsychiatre. Et aucun diagnostic n'avait été fait, aucune amélioration n'était en vue.

Ruben ne parlait toujours pas, ne dormait plus la nuit et même s'il grandissait normalement en taille, nous sentions qu'à l'intérieur, il dépérissait.

Il devenait de plus en plus agité pendant la journée, faute de sommeil. Il faisait de véritables scènes de colère parce qu'il n'arrivait pas à se faire comprendre : il se tordait de douleur, en se bouchant les oreilles. Il se jetait par terre dans la rue et au supermarché. Il envoyait des objets à travers la pièce. Sans oublier les innombrables crises dans la voiture qui nous obligeaient à nous arrêter n'importe où afin de le calmer. Il poussait des cris d'effroi lorsqu'un coup de klaxon retentissait dans la rue ou qu'il percevait un bruit de perceuse ou de tondeuse dans le jardin. Il ne supportait pas non plus certaines lumières ou les néons du supermarché.

Tout semblait le toucher au plus profond de lui-même. Le voir souffrir comme cela nous était insupportable.

Et souvent, après l'une de ses crises, je m'effondrais en larmes au sol, impuissante parce qu'incapable de comprendre la chair de ma chair. Alors, il venait vers moi et me caressait les cheveux en mettant sa tête dans mon cou. À ce moment-là, j'avais l'impression d'être la plus nulle des mamans sur terre.

Je me sentais toute petite et apeurée, terriblement seule et perdue comme lorsque je voyais mon frère dépérir et que je n'y pouvais rien.

V : Première rentrée

Ruben venait de fêter ses 4 ans et la situation ne s'était pas arrangée, loin de là. Il ne mangeait toujours pas normalement et n'avait toujours qu'une dizaine de mots à son actif.

Même si les séances avec le pédopsychiatre du CMPP n'avaient servi à rien jusque-là, j'avais décidé de continuer une année de plus. Il nous l'avait proposé en nous parlant de l'importance d'un suivi régulier et j'avais mis mes *a priori* sur les psys de côté. Peut-être finirait-il par obtenir quelque chose de Ruben ? Je voulais tout faire pour aider mon fils et juste être la meilleure des mamans. Peu importe ce que je pensais, seul Ruben comptait.

Alors que je passais au CMPP pour le réinscrire, la secrétaire me dit que le pédopsychiatre n'était plus là. D'ailleurs elle ne savait pas où il était maintenant. Il était parti avant les vacances d'été. Il avait sombré dans la dépression, m'avait-elle confié.

Je trouvais cette histoire étonnante et absurde. Cela m'aurait presque fait rire si je n'avais pas été à ce point désespérée. Nous étions venus pendant toute une année le consulter pour notre fils, il n'avait fait aucun diagnostic, nous n'avions pas véritablement échangé sur ce qu'il pensait du comportement de Ruben et là, il disparaissait sans prévenir, et surtout parce qu'il déprimait ! C'était un comble !

Nous avions perdu une année pour rien et notre fils avait perdu un an de sa vie. J'étais dépitée.

J'allais voir, une nouvelle fois, son pédiatre qui me conseilla de le mettre à l'école. Selon lui, la maternelle permettrait de réguler son rythme de sommeil. Cela aurait sans doute un bénéfice sur l'apprentissage du langage. « Il arrivera à copier les autres et se mettra à parler. Il aura le déclic », m'assurait-il.

Le fait qu'il ne puisse communiquer avec la maîtresse ou les autres enfants de la classe m'angoissait. Comment allait-il se faire comprendre des autres ? Comment allait-il me dire s'il aimait l'école, ce qu'il ressentait ou si un autre enfant lui avait fait mal ? Et si un bruit l'effrayait ou s'il faisait une crise, comme à la maison, comment la maîtresse réagirait-elle ?

Mais tout le monde y allait de son bon conseil, les parents, les beaux-parents, les amis, les médecins. Même mon mari était favorable à cette idée. Quelques phrases mémorables me restent en mémoire : « Tu aurais dû le mettre en crèche dès sa naissance. Il n'en serait pas là aujourd'hui. La socialisation pour les nourrissons, c'est tellement important ! » pérorait une cousine éloignée. Personnellement, je trouvais cela ridicule. Comme si aujourd'hui, il y avait un parcours obligatoire de la mère parfaite et moderne ! Et pour l'être, il fallait mettre ses enfants à la crèche, à la halte-garderie, à la maternelle dès 3 ans. J'avais fait un autre choix, celui de m'arrêter de travailler pour élever mon fils parce qu'aujourd'hui, je pouvais me le permettre financièrement. Après tout, c'était ma liberté de femme et de maman. Mais cela semblait suspect et j'allais bientôt être jugée coupable pour ça !

Poussée par la horde des bien-pensants qui savaient ce dont Ruben avait besoin, je cédais et sollicitais un rendez-vous avec la directrice d'une école privée catholique. Je n'aimais pas particulièrement les écoles privées, ayant fait toute ma scolarité dans le public, mais nous avions choisi cette école pour plusieurs raisons : sa proximité, ses petits effectifs par classe et parce que notre deuxième fille avait été dans cet établissement et que sa scolarité s'était très bien passée.

Je pris rendez-vous dès le lendemain avec la directrice. La secrétaire m'expliqua qu'il y avait eu du changement et que l'ancienne responsable avait été placée dans un autre établissement : « La nouvelle directrice vient juste d'arriver, me dit-elle, et vous verrez, elle est moins commode. »

Le lendemain après-midi, nous arrivâmes en avance au rendez-vous. Ruben était très sage. Il regarda les dessins d'enfant collés sur les murs de la salle d'attente avec attention, jusqu'à ce que la secrétaire vienne nous chercher afin de nous faire monter dans le bureau de la directrice.

Mme D*** était une femme vive, à la poignée de main très énergique. Elle avait une allure plus moderne que l'ancienne responsable : la cinquantaine, cheveux roux coupés à la garçonne, lunettes carrées en couleurs. Elle avait un sourire figé qui ressemblait davantage à un rictus. Sa voix était haut perchée et il se dégageait d'elle une froideur qui me donnait des frissons.

Mon mari prit la parole en premier, lui expliquant comme nous avions été satisfaits de cet établissement pour notre fille et que nous souhaitions inscrire notre fils à son tour. Je continuai en lui expliquant que Ruben avait un retard de langage, que nous étions allés voir de nombreux spécialistes et qu'ils pensaient que la meilleure chose à faire était de l'inscrire à l'école afin qu'il se socialise.

Elle se mit à tordre sa bouche de gauche à droite comme si elle hésitait : « Je veux bien inscrire votre fils, mais pour valider son inscription il me faut un certificat médical indiquant que votre fils n'a pas de… retard mental. »

J'étais choquée par sa demande mais ravalai ma peine.

Elle poursuivit : « Ne vous inquiétez pas, après ce certificat, nous validerons son inscription définitive. Il sera en sécurité chez nous. Nous avons vingt élèves par classe pour une maîtresse et une éducatrice. »

En redescendant, elle nous présenta la maîtresse de moyenne section qui était une femme chaleureuse. Elle adressa quelques encouragements à Ruben avec un sourire bienveillant.

Nous étions satisfaits de cet entretien, même si la demande du certificat nous était restée en travers de la gorge.

Son pédiatre nous fournit sans hésitation cette « attestation de normalité », après avoir examiné Ruben. Il y indiqua que notre fils n'avait qu'un retard de langage et qu'il devait « être surveillé davantage à cause de son problème d'élocution. »

Je déposai tout cela au secrétariat et son inscription à l'école fut enfin validée.

Au fond de moi, je savais qu'il n'était pas prêt mais j'avais choisi en toute conscience de mépriser mon instinct au profit du système conformiste auquel apparemment j'étais tenue de m'astreindre. Mais je me raisonnais, tout se passerait bien.

J'étais à la fois heureuse et angoissée, comme le sont tous les parents, à la veille de la rentrée des classes de leur enfant.

Nous avions acheté ensemble les fournitures demandées par la maîtresse. Il avait choisi un cartable Spiderman et une trousse Bob l'éponge. J'avais inscrit son nom sur son tablier bleu ciel.

Même si nous avions traversé l'enfer ces derniers mois, la vie « normale » avait repris le dessus et il nous fallait avancer. Ruben allait entrer à l'école comme tous les autres enfants de son âge.

Le matin de la rentrée, le réveil fut difficile. Ruben s'était encore couché à cinq heures du matin.

Je lui rappelai qu'aujourd'hui c'était son premier jour de classe et qu'il fallait se dépêcher. Il se leva d'un bond, tout excité à l'idée d'aller à l'école. Il se laissa habiller facilement et prit son petit déjeuner avec une bonne humeur que je lui avais rarement vue à cette heure-là.

Nous étions si fiers de l'accompagner à l'école pour sa première rentrée.

La plupart des enfants pleuraient en quittant leurs parents, mais pas lui. Il nous dit au revoir sans aucune larme et partit main dans la main avec la maîtresse. Son attitude de « grand » me rassura. C'était décidément un drôle de petit bonhomme.

Sa première matinée se passa extrêmement bien. Même si j'avais évidemment remarqué l'animosité des autres enfants envers lui. Il ne leur répondait pas et ils ne comprenaient pas pourquoi. Alors ils prenaient cela pour de l'agressivité et devenaient agressifs avec lui. La maîtresse n'avait pas voulu expliquer aux autres enfants que Ruben avait un retard de langage. Elle pensait que son intégration se ferait mieux ainsi.

Il avait le sourire en sortant de l'école à onze heures trente. Il avait hâte d'y retourner l'après-midi. Le nœud que j'avais au creux de l'estomac commençait à se dénouer. Après tout, mon instinct m'avait peut-être trompé.

Je le raccompagnais seule l'après-midi. Il me fit un petit signe de la main avec un large sourire. Il aimait l'école. Je me sentais tellement heureuse que j'allai de ce pas m'inscrire à des cours de danse. J'allais enfin pouvoir un peu souffler et prendre soin de moi.

Tout irait bien. Nous allions nous en sortir.

Il était quatre heures de l'après-midi lorsque le téléphone sonna. Shana, sa plus jeune sœur et moi étions prêtes à partir. Même si nous habitions près de l'école, j'étais impatiente de le retrouver.

Lorsque je vis le numéro de l'école s'afficher, ma gorge se serra. Il était tombé, j'en étais sûre. « Allô » dis-je d'une petite voix. C'était la maîtresse. « Nous avons un problème avec votre fils, Madame, on l'a cherché partout, il a… disparu, enfin je crois. »

Je ne pouvais plus respirer. Mon cœur se mit à s'emballer. Je lâchai le téléphone et, à moitié habillée, je me mis à courir à la porte en disant à ma grande fille Laura d'appeler son père pour le prévenir que Ruben avait disparu. En fermant la porte, je l'entendis sangloter.

Le chemin jusqu'à l'école me sembla très long, je courais sans respirer. Arrivée là-bas, la maîtresse me dit qu'elle ne savait pas à quelle heure Ruben avait disparu, à trois heures ou peut-être plus tard. Elle était rouge et bafouillait en me répétant : « Pardon Madame, pardon. »

Les surveillants avaient cherché partout avant de me prévenir, il était introuvable.

Ils n'avaient même pas fermé les portes de l'école, fait sonner l'alarme ou appelé la police, rien. Je leur hurlais de le faire. Et avec ma fille, je fouillais chaque recoin. Peut-être qu'il avait eu peur de quelque chose et qu'il s'était caché. Il ne leur répondait pas parce qu'il ne connaissait pas leurs voix. À moi, il me répondrait. J'en étais sûre.

L'école était immense. Il y avait les classes du primaire, le lycée et les salles pour les BTS. Les classes maternelles étaient en bas. Je rentrais dans chacune d'elles comme une folle. Personne ne l'avait vu. À chaque étage, même tout en haut sur le toit, je criais son prénom en le suppliant de me répondre.

Mais rien, il était introuvable. Il y avait des caméras, trois surveillants à la grande porte, comment personne n'avait-il pu le voir ? Comment la maîtresse avait-elle pu ne pas s'apercevoir tout de suite de sa disparition ?

Les sirènes de police retentirent. Je partis vers le parc fouiller chaque recoin. Les policiers regardaient dans les poubelles. Et moi, je cherchais, cherchais tout en me remémorant la dernière image que j'avais de lui, je le revoyais avec son cartable sur le dos et son si beau sourire. Je me rappelais des films que j'avais pu voir sur les disparitions d'enfants, je me voyais déjà coller des affiches. Ma vie défilait, tout se bousculait dans ma tête. Ma fille sanglotait mais je ne pensais qu'à lui. Je ressortis du parc en essayant de réfléchir. Peut-être qu'un déséquilibré l'avait enlevé ? Et s'il était parti seul, où avait-il pu aller ? Je me mis à courir vers la maison. Et s'il était simplement rentré pour me retrouver ? J'avais l'air d'une folle, je n'avais plus de chaussures, je parlais toute seule en m'adressant à Dieu, lui criant « de ne pas me faire ça, qu'il n'en avait pas le droit ».

C'est là que j'aperçus tout près de chez nous Mohamed, un des surveillants de l'école avec mon fils dans les bras, qui m'appelait. Je me précipitai en hurlant de bonheur. Je me jetai aux pieds de Ruben en lui demandant où il était, s'il allait bien. Il semblait tétanisé par la peur. Je le regardais partout. Il avait des écorchures aux mains et aux genoux comme s'il était tombé. Le surveillant m'expliqua qu'il l'avait retrouvé dans une boulangerie en haut du boulevard, tout à côté de notre domicile. C'était donc comme je l'avais supposé. Il avait bien tenté de rentrer à la maison. Mais voyant qu'il ne pouvait pas atteindre le digicode, il avait préféré, sans doute, se réfugier dans un magasin près de chez nous. La boulangère arriva et nous expliqua que Ruben était entré dans sa boutique à quinze heures trente en pleurant. Comme il ne lui répondait pas, et pensant qu'il était perdu, elle l'avait forcé à rester avec elle. Entendant les sirènes de police, elle était immédiatement sortie avec lui, comprenant qu'on le recherchait.

La police interrogea la maîtresse sans en tirer la moindre explication. Mon mari arriva en larmes avec ma grande fille. Nos questions à la directrice demeurèrent sans réponse. « Nous n'en resterons pas là », lui assurai-je. Puis nous partîmes immédiatement à l'hôpital afin qu'il soit examiné. Apparemment il n'avait subi aucun traumatisme à part quelques bleus aux genoux. Il se serrait dans mes bras et semblait apeuré.

Après ce terrible épisode, je ne dormis pas pendant plusieurs jours. Je refaisais le chemin dans ma tête sans comprendre ce qui s'était passé et comment il avait réussi à se sauver de l'école.

Nous rendions souvent visite à la petite boulangère qui avait recueilli notre fils. Elle était jolie comme un cœur et très douce. Sa peau d'ébène faisait rejaillir la blancheur de ses dents. Elle souriait tout le temps et prenait Ruben dans ses bras avec affection. Je comprenais pourquoi Ruben lui avait fait confiance. Je ne savais pas comment la remercier et lui répétais qu'elle nous avait sauvés. Nous lui portions un petit cadeau à chacune de nos visites et en échange, elle lui offrait des sucettes. Ils semblaient, tous les deux, avoir créé une sorte de lien invisible. Elle me racontait comment elle l'avait vu entrer dans sa boulangerie, les yeux pleins de larmes, et comment elle l'avait empêché de repartir en le prenant dans ses bras, tout en continuant de servir les clients. Elle avait essayé de lui parler mais aucun son n'était sorti de sa bouche. Elle s'était dit qu'il devait être choqué et perdu et s'était contentée de le rassurer. Elle était en train d'appeler la police lorsqu'elle avait entendu les sirènes.

Plus elle me racontait cette histoire, plus j'étais furieuse.

J'allai voir les surveillants qui semblaient ne pas m'avoir tout dit. L'un d'eux me prit à part : il avait entendu dire que Ruben s'était levé à deux reprises afin d'aller voir les enfants et que la maîtresse en avait eu marre. Elle l'aurait mis dans une pièce, tout seul, pour le forcer à faire une sieste. « Elle prend des calmants, en ce moment » ajouta-t-il d'un air entendu. Cela ne me disait pas comment il avait pu sortir par la grande porte malgré les trois surveillants. Il m'expliqua que Ruben se serait dissimulé parmi les lycéens afin de sortir. « Il est intelligent votre fils, c'est un malin ! Vous devriez être rassurée » conclut-il. La directrice sortit et nous vit discuter ensemble. Quelques jours plus tard ce surveillant refusa de me parler et fut renvoyé.

Je passai quelques semaines dans un état de colère indescriptible. J'en voulais à l'école et à cette maîtresse dépressive et inconsciente, j'en voulais à ceux qui m'avaient poussée à le mettre à l'école, j'en voulais à ces médecins avec tout leur savoir et leur suffisance, incapables de faire un diagnostic.

J'en voulais surtout à moi-même de ne pas avoir écouté mon instinct et je me jurai, à l'avenir, de me faire confiance.

Cet enfant avait été en gestation neuf mois dans mon ventre. Je l'avais nourri, soigné, aimé à chaque instant de sa vie.

Personne à l'avenir ne me dirait ce qui lui convient le mieux. Et je ne laisserai plus personne m'en convaincre.

Je levais les yeux vers le ciel en remerciant Dieu de m'avoir rendu mon fils, de m'avoir donné une deuxième fois la vie.

VI : Porter plainte

Nous étions allés évidemment porter plainte contre cet établissement scolaire.

Nous avions confiance en la justice de notre pays, ayant une haute idée de ce que devait être l'école, un lieu de savoir, de camaraderie mais aussi un lieu protecteur pour chacun de nos enfants. Et là, il y avait eu faute. Pourquoi la maîtresse avait-elle laissé notre fils seul dans une pièce ? Pourquoi les surveillants ne l'avaient pas vu sortir ? Lorsqu'ils s'étaient aperçus de sa disparition, pourquoi n'avaient-ils pas immédiatement fermé la grande porte, déclenché l'alarme et appelé la police ? Et ce qui me semblait le plus suspect, c'est qu'ils refusaient de nous donner les bandes vidéo alors qu'il y avait des caméras ! Pour moi, la réponse était claire. Ils voulaient masquer leur faute. Et ils voulaient sauvegarder leur réputation au mépris de la vérité.

Mais nous n'étions pas au bout de nos peines et le dépôt de plainte au commissariat fut aussi un épisode inoubliable.

Le surlendemain de l'incident, nous avions rendez-vous avec un lieutenant de police. Un jeune bleu nous fit monter dans un bureau. Ils étaient deux. Celui qui enregistrait la plainte et une jeune femme, debout au fond de la pièce, qui nous fit un salut de la tête en guise de bonjour.

Le lieutenant de police me demanda de raconter ce qui s'était passé. Je commençai ma narration depuis le coup de fil de l'école à mon domicile mais la jeune femme n'arrêtait pas de m'interrompre. Elle n'avait apparemment pas dû comprendre qui étaient les victimes de cette histoire parce qu'elle me coupait sans cesse, me posant des questions sans rapport avec cet épisode. Elle était agressive et je ne comprenais pas pourquoi. Nous avions subi un traumatisme et nous venions déposer plainte, tout simplement, comme de bons citoyens. Et je me demandais quel était son problème.

J'étais seule avec mon fils dans le bureau. Mon mari était parti se garer et avait demandé à nous rejoindre mais cette même jeune femme avait refusé qu'il monte, disant qu'il devait attendre en bas.

Elle continuait à me poser des questions que je trouvais hors de propos : Pourquoi ne parlait-il pas ? Pourquoi portait-il encore une couche ? Étions-nous allés consulter des spécialistes pour son problème de communication ? Était-il violent ? Je changeai de ton et lui répondis froidement que nous avions fait les démarches nécessaires auprès des médecins et que si elle le souhaitait, je pouvais lui fournir des attestations.

Je me trouvais soudain ridicule, pourquoi étais-je en train de me justifier ? Je me levai d'un bond, lui expliquant que nous étions venus au commissariat de notre propre chef pour déposer plainte. Et que ce dépôt de plainte commençait à ressembler à une audition ! Ayant beaucoup d'amis dans la police, je savais que ce qu'elle faisait n'était pas normal.

« Dire qu'en tant que présidente de Paroles de femmes, j'encourage toutes les femmes ayant subi des violences à venir porter plainte, lui dis-je, il y a encore du boulot dans l'accueil des victimes ! »

Puis après lui avoir de nouveau rappelé la raison de notre présence, je lui demandai d'un ton provocateur : « Avons-nous le droit de partir ? » Elle acquiesça tout en continuant à me dévisager d'un air suspicieux. Elle me regardait comme si j'étais coupable du problème de langage de notre fils et de sa fugue !

Après cet événement traumatique, ces mois d'épuisement, c'était la goutte d'eau qui faisait déborder le vase. Et reprenant mes habitudes de journaliste, je notai cet épisode sur un petit carnet.

Comme nous nous y attendions, notre plainte ne servit à rien. L'établissement ne fut pas condamné et l'affaire fut classée « sans suite » par le procureur de la République.

Un directeur d'établissement scolaire laisse sortir tout seul un enfant de 4 ans dans les rues et les parents n'ont le droit à rien, ni à la vérité ni à la justice !

J'étais révoltée mais surtout terrifiée à l'idée que cela arrive à un autre enfant et que cela se termine de façon tragique. Mais apparemment, cela ne semblait préoccuper personne.

Après tous ces longs mois d'épuisement ajouté à tout ce qui venait de se passer, j'avais accumulé beaucoup de colère. Mais j'avais enfin aujourd'hui l'impression de puiser dans tout cela une nouvelle force, et je me sentais de nouveau vivante.

Alors j'abandonnai celle que j'étais devenue, une femme dépressive qui s'apitoyait sur son sort, afin de redevenir enfin la femme que j'avais toujours été, une femme combative qui ne se laisserait plus jamais faire et qui se battrait pour sauver son fils.

VII : La suspicion

Après cette première rentrée désastreuse, nous avions l'impression que la vie avait voulu nous donner une grande claque. Il n'était plus question d'attendre patiemment en errant de médecin en médecin, en écoutant les avis des uns et des autres. Nous devions prendre les choses en main et devenir maîtres de ce qui nous arrivait. Il fallait trouver par nous-mêmes ce dont souffrait notre fils. Même si certains amis nous racontaient qu'eux aussi s'étaient sauvés de l'école, nous n'étions pas dupes. Il fallait arrêter de se mentir. Ruben n'était pas exactement comme les autres enfants et nous voulions enfin avoir des réponses à nos questions.

Nous passions nos jours et nos nuits à chercher des pistes sur le Net. Et lorsqu'en mot-clé, j'inscrivais « retard de langage », je tombais sur des blogs où des parents parlaient de leur enfant autiste.

L'autisme ne m'était pas totalement étranger parce qu'il y a des années, j'avais organisé avec mon association un débat sur le sujet, lors de la sortie du documentaire de Sandrine Bonnaire sur sa sœur, qui s'intitulait *Elle s'appelle Sabine*. Nous avions d'ailleurs établi des liens très forts ensemble depuis, parce que probablement nous avions traversé les mêmes bois sombres de l'enfance, elle avec sa sœur, moi avec mon frère. Et qu'il nous avait fallu du temps pour en sortir et nous reconstruire.

Malgré tout, je ne voyais pas le rapport direct entre l'autisme et mon fils. J'avais, comme la plupart des gens, des clichés sur les autistes qui se partageaient entre la vision de Rain Man, surdoué bizarre mais génial, et enfant vivant dans sa bulle et se balançant toute la journée.

Mais plus je lisais, plus je me rendais compte que le monde de l'autisme était vaste, englobant toutes sortes de choses.

Il y avait six cent mille personnes autistes en France. Ce chiffre m'étonnait. Je n'en voyais jamais nulle part. Entre les parents, les frères et sœurs, cela faisait au moins trois millions de personnes concernées. Et pourtant peu de gens en parlaient. Ce n'était même pas une maladie orpheline, alors pourquoi n'y avait-il aucune émission comme le *Téléthon* afin de collecter des fonds pour la recherche sur l'autisme ?

L'autisme était décrit comme « un trouble envahissant du développement, un déficit de la communication orale ». Selon le niveau d'autisme, certains enfants parlaient, d'autres non. Ils avaient des difficultés à communiquer et présentaient des comportements répétitifs et stéréotypés.

Il y avait des ressemblances avec les troubles que présentait Ruben : absence de langage, problème avec la propreté et le sommeil, scènes de frustration, jeux répétitifs avec un objet, fascination pour les pubs, fugues, peur intense face à certains bruits. Mais il y avait aussi quelques éléments qui me faisaient douter.

J'en parlais immédiatement à mon mari qui rejeta, une nouvelle fois, cette théorie d'un revers de la main, comme si j'avais prononcé un gros mot.

Ruben n'allait toujours pas à l'école. Nous avions trouvé un cours Montessori, mais il était loin de la maison et inabordable.

Alors nous cherchions des activités ; une amie nous avait conseillé un professeur de piano qui avait l'habitude de travailler avec des enfants différents. Je la trouvais humaine avec beaucoup d'empathie et vu tous les êtres froids que nous avions rencontrés ces derniers mois, cette leçon de piano du samedi était une respiration familiale.

Un jour, elle conseilla à mon mari un livre, *Le Voyage d'Anton* de Mariana Loupan. Lui, qui détestait lire, le dévora d'une traite. Il était bouleversé et voulait que je le lise. Devant son insistance, je jetais un coup d'œil sur le quatrième de couverture. Il était question d'un centre pour autistes à Jérusalem et du combat d'une maman pour son fils. Malgré le rejet de ce mot, de ce diagnostic, mon mari me rejoignait enfin, commençant lui aussi à avoir des doutes.

En lisant les premières pages, des choses résonnèrent en moi mais je posai le livre immédiatement. À ce moment-là, je n'étais pas prête à le lire. Je n'étais pas prête à faire face à la vérité.

Je voulais avancer pas à pas, ne pas me mettre de fausses idées dans la tête. Je voulais un diagnostic clair et sans équivoque, fait par un médecin. Il fallait que je mette enfin le mot juste sur le silence de mon fils afin de l'aider à avancer.

Comment pourrions-nous combattre ce mal sans connaître son nom ?

Ne sachant pas quoi faire d'autre, je reprenais rendez-vous avec le petit bonhomme froid à la voix monocorde.

VIII : Vous avez dit autiste ?

À peine arrivée dans le bureau du pédopsychiatre, je lui racontai en détail l'épisode de l'école. Alors que je n'avais pas encore fini, il me coupa la parole pour nous dire qu'il désirait voir Ruben tout seul. Et sans me laisser le temps d'expliquer quoi que ce soit à notre fils, il nous accompagna dans la salle d'attente et claqua la porte brutalement.

Au bout de dix minutes, il nous convia d'un signe de tête dans son bureau. Bien qu'il nous avouât « ne pas être sûr à cent pour cent de ce qu'il s'apprêtait à nous dire », il lâcha la bombe d'un ton laconique : « Votre fils est probablement autiste. » Ce mot que je redoutais depuis des mois, il me le balançait au visage en posant enfin un mot sur les maux de mon fils. Il mettait un terme à mes doutes tout en ouvrant au-dessous de mes pieds l'abîme où s'entremêlaient mes peurs du passé et mes angoisses pour l'avenir de notre famille.

Il utilisa ce mot infâme que je haïssais par tous les pores de ma peau : HANDICAP. Cette bête immonde qui une fois encore allait me prendre un être que j'aimais afin de l'enfermer dans une prison dont très peu de reclus sortent.

J'avais l'impression qu'on me plantait un couteau dans le cœur.

Et comme si la vie n'était qu'un éternel recommencement, j'imaginais déjà mes filles vivre ce que moi, petite, j'avais déjà vécu. Je pressentais ce chemin de larmes qu'il leur faudrait traverser afin de devenir des femmes heureuses et équilibrées. De cette peur, de ce poids sur le cœur qu'elles ressentiraient toute leur vie, sachant qu'un jour, ce sera à elles de prendre le relais.

En sortant de ce rendez-vous, nous étions sonnés comme deux boxeurs épuisés par un dernier et insidieux uppercut. Après ces années difficiles, ces nuits blanches, le petit bonhomme à lunettes nous avait mis au tapis sans aucune émotion. Je me demandai si les psychiatres suivaient une formation spéciale pour être tant dénués d'affect ? Était-ce leur façon de se protéger ou une condition *sine qua non* pour exercer ce métier ?

Dans la voiture nous ramenant à la maison, j'avais moi aussi perdu la parole. Je pleurais lentement en silence. Mon mari parlait seul, répétant en boucle qu'il n'y croyait pas, qu'il se trompait, que notre fils était dans la communication, non verbale mais dans la communication. Rien à voir avec cette fameuse bulle dans laquelle les enfants autistes se trouvaient, ce regard en l'air, ces mains qui s'agitent ou ce balancement du corps. Ruben ne présentait rien de tout ça. Et sur toutes ses remarques, j'étais d'accord avec lui. Mais je savais aussi que sur d'autres choses, mon fils répondait au profil autistique. Et pendant le trajet du retour, une idée m'obsédait et tournait en boucle dans ma tête.

Je n'avais rien pu faire pour sauver mon frère, que devrais-je faire pour sauver mon fils ?

IX : Première évaluation

« Être autiste Asperger, c'est presque chic.
Dans les écoles américaines, être aspi c'est comme
avoir un père banquier : plutôt flatteur... »
Josef Schovanec

Avant de quitter son cabinet, le petit bonhomme nous avait ordonné d'aller dans un cabinet de psychologue avec lequel il travaillait afin que Ruben passe des évaluations.

Dès la semaine suivante, nous avions rendez-vous. Cette psychologue nous envoya par mail le montant de cette évaluation. Le prix était assez élevé et non remboursable. Mais nous n'avions pas d'autre choix et nous acceptions.

Une femme brune, d'environ 50 ans, nous reçut dans un cabinet d'un beau quartier des Hauts-de-Seine.

Comme Ruben ne parlait pas, je me demandais comment cette évaluation, qu'elle nommait « PIDP », pour « programme individuel de développement personnel », allait se dérouler.

Elle nous dit qu'il y avait du « Pep-3[3] et du CARS[4] » sans même nous expliquer ce qui se cachait derrière ces abréviations complexes. Et lorsque je le lui demandais, elle me répondit que « c'était la routine habituelle des évaluations ».

Mme G*** emmena Ruben s'asseoir à une petite table et prit plusieurs feuilles avec des grilles. Pendant vingt minutes, elle lui fit réaliser une série de petits jeux : identification de formes et de couleurs, un puzzle, un emboîtement de cubes, du découpage… Elle l'observait dans ses réactions et ses demandes. Elle regardait sa démarche, sa motricité et sa capacité d'autonomie. Puis elle demanda à mon mari de redescendre avec notre fils dans la salle d'attente. Elle avait quelques questions à me poser afin de compléter sa grille d'évaluation.

Pendant environ vingt minutes, Mme G*** m'interrogea sur ce que Ruben savait faire et ne pas faire, ses habitudes alimentaires, ses jeux, son caractère et son comportement… Elle réfléchit quelques minutes et m'expliqua qu'étant donné l'absence de langage de notre petit garçon, l'évaluation était difficile à faire. Mais que malgré tout, avec l'expérience qui était la sienne, doctorante en psychologie, elle pouvait poser un diagnostic sans équivoque.

Ruben était autiste ; mais pas n'importe quel autiste, un Asperger. Et apparemment c'était une bonne nouvelle puisqu'elle me l'annonça avec un large sourire.

Un nouveau mot venait d'apparaître dont j'avais une vague idée mais je lui demandai davantage de détails. Elle m'expliqua que c'était en quelque sorte la forme « top et chic » de l'autisme,

3. PEP-3 : évaluation du profil psycho-éducatif.

4. CARS : échelle d'évaluation de l'autisme infantile.

de l'autisme de haut niveau. Il y avait là-dedans quelque chose qui s'apparentait à une forme de génie.

Mon fils venait pendant quinze minutes d'emboîter des cubes, de faire des puzzles, de différencier le bleu du rouge. Elle m'avait posé quelques questions sur ce qu'il mangeait, la façon dont il dormait ou s'il aimait dessiner. Et rien qu'avec ces éléments, le grand docteur en psychologie venait de décréter que mon fils était un autiste génial. Je faillis l'applaudir pour cet exercice de haute voltige qui ressemblait davantage à de la voyance de Mme Irma qu'à un diagnostic médical sérieux, enfin, tel que je me l'étais imaginé. Tous les neurologues, pédiatres, psychiatres et autres que nous avions déjà vus n'avaient pas réussi à poser un diagnostic ferme ; elle, elle semblait savoir.

J'étais effondrée en redescendant, même si cette évaluation me semblait sommaire, farfelue et un peu trop définitive.

Mon mari monta la voir à son tour. Il réfuta son diagnostic, sans ménagement. Elle lui répondit que c'était difficile à entendre mais qu'il ne fallait pas être dans le déni, que Ruben n'aurait pas une vie comme les autres. « Il vous faut admettre la réalité. On ne sort pas de ça. Acceptez Ruben, tel qu'il est, lui dit-elle, dans le meilleur des cas, si vous suivez notre méthode, votre enfant sera une sorte d'original. »

Lorsque mon mari redescendit, il n'était pas très bien même s'il ne voulait pas me le montrer. Même si lui et moi tentions d'être forts, encaisser tout ça d'un coup devenait difficile.

Elle nous envoya un compte rendu fait de bric et de broc, mélangeant d'habile manière mes propos avec le résultat de ses grilles d'évaluation, ses impressions, ses fulgurances.

Elle décrivait Ruben comme si elle le connaissait ; elle tirait des conclusions sur un sourire, un regard que notre fils avait eu lors de son évaluation, sur son envie ou pas de faire des choses, sur sa façon de découper avec un ciseau, ce qu'il venait de faire pour la première fois puisque ces apprentissages se font à la maternelle et qu'il n'y était jamais encore allé.

La seconde partie était plus intéressante. Elle nous proposait quelques solutions : Une prise en charge de notre fils, un accompagnement avec psychologues intervenantes et psychologue superviseuse. Sur le papier, cela semblait bien ; Une personne qualifiée et formée accompagnerait notre fils à l'école et à la maison et une superviseuse établirait avec soin un programme d'apprentissage. La superviseuse se rendrait également au sein de l'établissement scolaire, de façon régulière, afin de mettre en place cette organisation avec la maîtresse. Son rôle étant d'être une sorte de médiatrice entre l'auxiliaire de vie scolaire et l'enseignant.

Le problème était que pour l'instant, il n'avait pas de place à l'école et que ce programme proposé coûtait très cher.

Elle nous avait également joint la facture de l'évaluation. Et là, surprise, celle-ci se trouvait majorée de cent euros. Nous devions payer la coquette somme de quatre cents euros pour une évaluation d'une heure. Et non remboursée par la Sécurité sociale.

Au regard du diagnostic de la psychologue, je laissais un message inquiet au pédopsychiatre qui nous avait envoyés chez elle.

Il me répondit par mail de façon laconique : « Je pense effectivement que le terme d'autiste Asperger ne doit pas être employé de façon abrupte. Deux centres ressources existent : L'un dans le service du professeur Golse à Necker, l'autre dans le service du professeur Mouren à Robert Debré. Cordialement. » Voilà c'était tout.

Nous venions d'apprendre que notre fils était peut-être autiste Asperger. Notre vie était en train de basculer et lui se contentait de nous envoyer un mail avec une totale désinvolture.

Il ne confirmait ni n'infirmait le diagnostic de la psychologue ; Il ne souhaitait pas revoir Ruben afin de le réévaluer. Il ne nous expliquait rien, ne proposait aucune aide, aucun traitement.

Il nous donnait juste le « Guide des bonnes adresses de l'autiste ordinaire ».

X : Le parcours du combattant. Acte II

J'appelai l'hôpital Robert Debré toute la matinée, je n'arrivais pas à joindre le service. C'est seulement le lendemain matin que j'y parvins. La secrétaire me demanda si c'était sa première visite. « Ah ça va être long ! Il y a une attente d'au moins trois mois, au mieux » m'annonça-t-elle. Je commençai à m'énerver au téléphone, en vain. La secrétaire n'y était pour rien. Comme il n'y avait pas d'autre possibilité, j'acceptai ce rendez-vous lointain.

Il faudrait encore attendre trois mois, trois mois sans savoir, trois mois d'angoisse, trois mois sans remède, trois mois où Ruben n'irait pas à l'école, trois mois de perdu dans la vie de notre fils.

J'appelai tout de même le service du professeur Golse à Necker et tombai sur une femme très gentille qui semblait comprendre mon impatience. J'insistai tellement qu'elle me proposa un rendez-vous un mois et demi plus tard. Je tombais bien, un rendez-vous venait de s'annuler. « Vous pouvez vous estimer heureuse, je vous fais une fleur parce que normalement j'aurais dû vous mettre sur une longue liste d'attente » m'expliqua-t-elle. Puis elle ajouta que nous devrions déjà inscrire Ruben à la MDPH.

Je téléchargeai immédiatement le dossier. Il y avait un questionnaire à remplir et de nombreux documents à fournir. Cela me prit plusieurs jours pour réunir tous les papiers nécessaires. J'envoyai tout cela en espérant une réponse rapide.

En attendant le rendez-vous à l'hôpital Necker, nous continuions nos recherches sur le Net, plus précisément sur les autistes Asperger. Nous avions aussi acheté des dizaines de bouquins sur le sujet. Et nous n'étions pas d'accord, mon mari affirmait qu'il n'était pas autiste et moi je répétais qu'il présentait quelques troubles. Nous n'arrêtions pas de nous disputer.

J'avais l'impression que le trouble de mon fils avait fracturé notre amour. Je me sentais seule et isolée même si je savais que mon mari traversait la même chose de son côté. Nous nous étions renfermés sur nous-mêmes et notre communication devenait difficile. Je me souvenais de tous ces témoignages de mamans qui racontaient que le handicap de leur enfant avait provoqué leur divorce.

Tout ce que nous avions fondé ensemble depuis treize ans était sur le point de s'effondrer, tout semblait instable et fragile.

Mais j'essayais de garder le cap.

Le jour J arriva enfin. Nous étions impatients de rencontrer le professeur Golse et d'avoir son diagnostic. C'était un spécialiste très réputé avec une grande expérience.

Il ne nous fit pas attendre longtemps. C'était un homme sympathique et chaleureux, rien à voir avec l'autre petit bonhomme grincheux.

Il nous interrogea longuement, observa Ruben, prit des notes. Après réflexion, il posa son diagnostic : « Votre enfant n'est pas autiste. » L'étau qui nous enserrait le cœur s'envola.

« Ruben est peut-être dysphasique[5] mais il est trop tôt pour le dire. Il faudra lui faire passer des tests lorsqu'il aura 6 ans pour être sûr. Il a peut-être juste un problème émotionnel qui a retardé son langage. Peut-être que la mort de votre grand-mère, Madame, lui a causé un choc. Et puis c'est le petit dernier. Ses sœurs ont peut-être pris toute la place » nous dit-il.

Cela faisait beaucoup de « peut-être » mais le fait qu'il ne soit pas autiste était un immense soulagement même si nous ne savions pas ce qu'était la dysphasie. Alors « pour avancer », il l'inscrivit sur sa liste afin de le faire participer à des évaluations de groupe. Apparemment, il organisait plusieurs séances où il mélangeait des enfants présentant des troubles similaires. Il les observait avec son équipe afin de les évaluer. Mais j'insistai : « Et que se passera-t-il à la fin de l'évaluation, si celle-ci montre qu'il est tout de même autiste, que déciderez-vous de faire ? » Il se montra vague en me disant que notre fils ne l'était pas : « Vous savez, l'autisme est devenu la nouvelle mode, une grande poubelle où l'on jette les enfants différents. Et puis certaines psychologues se permettent de faire des diagnostics à la va-vite mais ce n'est pas fiable, elles ne sont pas médecins. Si tous les autistes étaient comme votre fils, ce serait fantastique ! » ajouta-t-il.

En attendant ces évaluations de groupe, il nous envoya chez une psychanalyste afin de « débloquer la situation et permettre à Ruben de parler ».

---

5. La dysphasie est un trouble structurel et durable de l'apprentissage et du développement du langage oral.

XI : Disputes sur le divan

Mme C*** était une femme d'origine scandinave, un peu sèche mais bienveillante.

Ruben était assis au sol avec quelques jouets. Et pendant qu'il s'amusait avec des personnages et des petites voitures, nous passions par le chapitre « souvenirs ». Je dus raconter mon enfance, mes relations avec mes parents, le handicap de mon frère, la mort de ma grand-mère, mes relations de couple et notre intimité. Je passai toute ma vie en revue. Bien sûr mon mari dut faire de même. Peut-être y avait-il un élément dans mon passé ou le sien qui nous expliquerait ce que traversait notre fils ? Peut-être que tout cela était de notre faute. Nous jouions le jeu sans trop y croire.

Et nous passions notre temps à s'accuser l'un l'autre. Je l'accusais d'avoir trop travaillé et de ne pas avoir assez joué avec Ruben en le mettant devant la télé ou l'ordinateur ; il m'accusait d'avoir écrit un livre pendant que j'étais enceinte. « Elle était très stressée » lui disait-il. Puis il me reprochait de ne pas lui avoir assez lu de contes pour enfant comme je l'avais fait pour ses sœurs. Et je lui répondais que j'avais essayé mais qu'il ne s'y était pas intéressé. Et que contrairement à lui, je m'étais arrêtée de travailler pour élever Ruben, pendant que lui avait pu s'occuper de sa carrière. Et nous repartions de chez Mme C***, fâchés l'un contre l'autre, nous rejetant mutuellement la culpabilité de l'état de notre fils.

Je finissais même par redouter ces séances. D'un côté, il était peut-être bien que cette colère sourde qui nous rongeait finisse par sortir mais de l'autre, cela fragilisait davantage notre couple. Et puis nous étions si fatigués de ne pas dormir que nous étions d'une sensibilité à fleur de peau. Je me mettais à pleurer pour un rien, obligée de revivre à chacune de ces séances des moments douloureux de ma vie que j'avais enfouis au plus profond de moi-même.

Mais Ruben dans tout ça ?

Lui jouait avec ses petits personnages. Elle disait voir dans ses jeux l'expression de nos tensions. Moi je n'y voyais que des jeux d'enfant.

Elle voulut également recevoir nos deux filles afin de voir s'il y avait des rivalités dans la fratrie et observer nos relations parents/enfants.

Il me fallut plusieurs séances pour m'apercevoir à quel point tout cela ne servait à rien. Nous n'étions pas là pour parler de notre passé respectif ou de notre couple ! Ce n'était pas nos souvenirs douloureux ou nos quelques désaccords qui provoquaient le silence et les crises de Ruben !

Et puis, était-ce bien le moment idéal pour commencer une thérapie de couple ? Alors que nous ne dormions que trois heures par nuit, depuis plus d'un an et que nous étions anéantis et malheureux pour notre enfant ?

De plus, ces séances prescrites pour aider Ruben n'avaient aucun effet sur lui. Il ne dormait toujours pas. Il ne parlait pas davantage et ses crises de frustration étaient de plus en plus violentes et fréquentes.

Alors je continuais chaque jour et chaque nuit mes investigations afin de dénicher de nouvelles pistes pour aider notre fils. Il fallait que nous trouvions très rapidement une solution afin de sortir de cette spirale infernale qui était en train d'anéantir toute notre famille.

Mais j'étais aujourd'hui sûre d'une chose, la psychanalyse n'était pas la solution aux problèmes que rencontrait Ruben. Ce n'était qu'une grande illusion fumeuse qui dépouillait financièrement les parents, leur faisant croire qu'ils étaient coupables et responsables du handicap de leur enfant.

XII : Le déclic

Un matin, regardant vers le ciel, attendant des réponses qui ne venaient pas, je pris le livre de Mariana Loupan, ce fameux livre que ce professeur de piano avait donné à mon mari. Je lus le témoignage de cette maman sans m'arrêter. Ses mots étaient les miens, ses émotions étaient les miennes. Elle avait fait le même parcours de combattant que moi, même si nos enfants étaient très différents. Elle écrivait surtout qu'elle était partie au centre Feuerstein à Jérusalem et que le professeur qui avait créé cette méthode avait sauvé son fils. Ses mots résonnèrent en moi avec une force indescriptible. La lecture de ce livre avait changé ma façon de voir les choses. Il fallait que je garde espoir pour mon fils, pour lui, mais aussi pour ma famille. Nous devions dépasser notre tristesse, notre épuisement, nos désaccords sur le nom de son handicap, dépasser même ce besoin que j'avais d'avoir un diagnostic.

Après tout, quelle importance ? Il fallait que je le sauve, c'est tout ce qui comptait.

Peut-être était-ce cela, la réponse que j'attendais.

Je pris tout de suite mon téléphone tout en cherchant les coordonnées du centre Feuerstein. Dans son livre,

Mariana avait écrit que ce professeur avait fait ses études à la Sorbonne, qu'il parlait bien français et qu'il avait été l'élève du célèbre psychologue suisse Jean Piaget. Malheureusement, Reuven Feuerstein était très âgé et ne s'occupait plus des enfants directement. Mais elle expliquait, à quel point l'équipe qu'il avait formée était compétente, dynamique et formidable.

Tout était un peu confus dans ma tête : je m'impatientais, je n'arrivais pas à trouver les coordonnées et toutes les informations étaient en anglais et en hébreu. Je trouvai enfin le numéro, les appelai mais ils étaient sur messagerie.

Je crois que j'aurais dû enregistrer ce message… Je ne me souviens plus de tous mes mots mais je m'adressai au professeur en lui demandant de nous recevoir. Je le suppliais de nous voir le plus vite possible. Puis je lui parlai de Ruben, de cet amour sans bornes que je lui vouais, de cette volonté de le sauver. Et je lui parlai surtout de cette détresse de ne pas savoir, de cette douleur qui me prenait au ventre, m'empêchant de respirer.

Puis je raccrochai en continuant de pleurer. Il ne me rappellerait jamais. Il me prendrait pour une folle désespérée. Je m'étais livrée à ce répondeur comme jamais je ne m'étais confiée à quelqu'un. Alors que je m'adressais à un étranger, un médecin, et surtout à une boîte vocale. Mais ce professeur représentait notre dernière chance. Il était notre seule bouée de sauvetage.

Le lendemain matin, le téléphone sonna. Je vis s'afficher un numéro commençant par 00972. Mon cœur s'accéléra.

« Allô ? dis-je d'une voix tremblotante.

— Madame Cattan ? Bonjour, c'est Reuven Feuerstein.

Son bel accent chantant me fit chaud au cœur.

— Bonjour Professeur, merci de me rappeler, je tenais à m'excuser pour le message que je vous ai laissé hier, je suis tellement désespérée, vous avez dû me trouver…

Il me coupa la parole.

— Ne vous excusez pas, Madame, vous m'avez beaucoup ému. Pour l'amour d'un enfant, on est prêt à tout. Je sais ce que vous traversez.

— Mariana Loupan dont j'ai lu le livre a écrit que la liste d'attente pour venir dans votre centre est longue et je voudrais vous implorer de nous recevoir.

Il me coupa de nouveau la parole.

— Pouvez-vous être là la semaine prochaine ?

— J'ai bien compris, la semaine prochaine ?

— Oui la semaine prochaine. Jacqueline ma secrétaire parle français. Elle vous appelle dans la matinée et vous explique les démarches. Vous aurez un questionnaire à remplir. Pardon, mais il est en anglais. Si vous n'y arrivez pas, Jacqueline vous aidera. Je m'occuperais personnellement de votre enfant. Son cas m'intéresse beaucoup. Et puis il s'appelle Ruben comme moi, conclue-t-il en riant. (Je ris à mon tour, je n'avais même pas réalisé que Reuven c'était Ruben en hébreu.) Ne vous inquiétez plus, Madame Cattan. Rien n'est définitif. Le cerveau est une matière formidable que l'on peut travailler et modifier. Comme je le dis souvent, les chromosomes ne doivent pas avoir le dernier mot. À la semaine prochaine. »

Je raccrochai perplexe. C'était tout ? Il suffisait de l'appeler et nous partions immédiatement pour Jérusalem ? Dire que pour obtenir un rendez-vous à Debré, un hôpital près de chez nous, nous étions sur liste d'attente !

J'appelais immédiatement mon mari.

« C'est impossible, me répondit-il, c'est trop tôt. Comment veux-tu que l'on s'organise ? Ne pouvons-nous pas y aller pendant les vacances d'été ?

— Non, c'est impossible, j'ai déjà vu sur leur site que le centre est fermé pendant l'été. Il faut partir la semaine prochaine, c'est une chance inespérée.

— Bon, réfléchissons et essayons de nous organiser. »

Il raccrocha.

Il avait raison, c'était trop tôt. Il y avait trop de choses à faire : acheter les billets d'avion, réserver l'hôtel, préparer les valises, prévenir l'école des filles… Et puis, Ruben supporterait-il quatre heures trente d'avion ?

Une seule personne pourrait nous donner davantage d'informations sur le centre et nous décider à partir : Mariana Loupan.

Je devais l'inviter pour ma prochaine émission de radio sur Judaïques FM.

J'étais persuadée qu'en la rencontrant, cette maman me donnerait la force de partir là-bas.

XIII : Rencontre avec Mariana Loupan

«Parfois une simple phrase peut changer le cours d'une vie. »

Mariana Loupan

Mariana était journaliste. Elle avait fait de nombreux reportages sur divers sujets. C'était une grande et très belle femme blonde aux yeux clairs, d'origine russe, mariée à un architecte français. Elle était souriante et bienveillante. Son parcours difficile se lisait dans son regard mais elle semblait apaisée concernant l'avenir de son fils. Et cela me rassura. Peut-être que l'autisme n'était pas immuable, pas une fatalité, et que l'on pouvait s'en sortir. Enfin si c'était bien de cela dont souffrait Ruben.

L'émission se passa très bien. Je ne lui avais rien dit concernant notre fils et je l'interviewais comme n'importe quel autre invité. Mais elle ne savait pas à quel point ses réponses étaient d'une importance capitale pour moi. Elle expliqua aux auditeurs la méthode Feuerstein qui paraissait simple et pleine de bon sens. Elle répétait la phrase que lui disait le professeur : « Il faut apprendre à apprendre. » Apparemment, afin de se former à la méthode, les parents assistaient aux quatre séances quotidiennes de l'enfant avec divers intervenants. Ce que je trouvais formidable. Là-bas, les parents étaient regardés comme partie prenante de l'évolution de l'enfant et non pas comme des casse-pieds, des êtres étouffants et castrateurs qu'il faut éloigner à tout prix. Elle racontait aussi que le centre était international et que les familles venaient du monde entier pour en bénéficier. La méthode s'adressait à toute sorte de handicaps. Il n'y avait pas que l'autisme. Il y avait des trisomiques, des schizophrènes et divers TED[6]. Le professeur Feuerstein avait sauvé également des victimes d'attentat dont le cerveau avait été touché ainsi que des enfants de déportés qui avaient développé des troubles. Mariana avait dû tout quitter pendant plus d'une année. Elle s'était installée à Jérusalem avec sa fille et sa maman et s'était formée à la méthode, travaillant quotidiennement avec son fils.

Une fois l'émission terminée, je pris les mains de Mariana Loupan en la remerciant.

« Vous ne savez pas comme votre témoignage m'a émue et touchée. J'aimerais aussi vous expliquer quelles sont les véritables raisons de mon invitation aujourd'hui. »

Et je lui racontai l'histoire de notre fils. Elle m'écouta sans m'interrompre. Je lui avouais aussi que le professeur m'avait proposé de partir la semaine suivante.

« Olivia, me dit-elle, n'hésitez pas une seule seconde, c'est merveilleux. Faites vos valises en rentrant. Le professeur sauvera votre fils. Toutes les démarches, vos doutes, votre travail, vos amis, tout ce qui vous semble important aujourd'hui ici, vous sembleront si dérisoires une fois arrivée là-bas, lorsque votre

6. TED : troubles envahissants du développement.

fils se mettra à vous parler et que vous le verrez enfin heureux comme un petit garçon de son âge. »

Elle me serra très fort dans ses bras. Le handicap de nos enfants avait immédiatement tissé un lien très fort entre nous.

En rentrant chez moi, ma décision était prise, nous devions partir à n'importe quel prix, même si nous devions tout perdre ici. Je ne referais pas l'erreur de mes parents avec mon frère. Il nous faudrait faire des sacrifices et j'étais prête à tout pour sauver mon fils.

XIV : Le doute

« Quand deux chemins s'ouvrent à toi, choisis toujours le plus difficile, celui qui exigera le meilleur de toi. »
Proverbe tibétain

Après une semaine mouvementée, nous étions enfin à la veille du départ. Je me dépêchais de tout préparer. Je faisais des listes pour ne rien oublier. Je devais ajouter dans ma valise des petits pots de bébé pour Ruben. En Israël, il n'y avait pas ceux qu'il aimait.

Je me demandai tout au long de cette journée si nous avions fait le bon choix. Nos deux filles voyaient leur scolarité bouleversée et nous partions sans savoir si ce centre correspondrait à nos attentes. Combien de temps devrions-nous rester afin de voir Ruben progresser ?

J'avais téléphoné au professeur Golse afin de lui parler de ce centre et du livre de Mariana Loupan. Il me répondit froidement la connaître. Puis il m'expliqua que « cette méthode était farfelue » et qu'elle n'était pas « reconnue scientifiquement ». Il me laissa entendre que c'était presque une « secte » et qu'il nous déconseillait d'y aller.

Mais avec tout le temps que nous avions déjà perdu, que risquions-nous ? Sinon une nouvelle déception, une nouvelle perte de temps et d'argent. Après tout le professeur Golse ne nous avait rien proposé à part de nouvelles évaluations. Et je sentais intuitivement que Ruben avait davantage besoin de stimulation intellectuelle que d'être de nouveau observé, noté et évalué.

Mais le soir arrivant, je sentais monter une angoisse qui me pétrifiait. Que feraient les filles seules dans un hôtel, sans personne, pendant que nous serons au centre ? D'autres choses me contrariaient : j'avais confié la direction de mon association à des personnes de confiance mais j'avais l'impression d'abandonner les femmes que j'aidais. J'avais la sensation de tout perdre d'un coup, toute la vie que j'avais construite pendant des années pour partir vers l'inconnu. Même si nous connaissions Israël, notre voyage n'était pas celui de deux touristes en vacances. Nous abandonnions tout ici sans savoir la date de notre retour.

Nous en avions discuté avec mon mari. Si le professeur Feuerstein nous demandait de rester durant toute une année, c'est moi qui resterais en Israël avec Ruben et nos filles. Tout était déjà envisagé, nous inscririons nos filles au lycée français de Jérusalem et mon mari ferait des allers-retours entre la France et Israël. L'idée de cette possible séparation me terrifiait. Depuis nos treize ans de mariage, nous n'avions jamais été loin l'un de l'autre. Et me retrouver toute seule là-bas à m'occuper de nos trois enfants ne me réjouissait pas.

De plus, mes parents n'arrêtaient pas de me répéter : « Crois-tu vraiment que cette méthode soit efficace ? Si elle était révolutionnaire, pourquoi les médecins français ne l'auraient-ils pas importée ? Surtout pourquoi le grand professeur Golse a un avis si négatif sur ce centre ? »

Tout se bousculait dans ma tête et je me mis à pleurer. Nous étions tellement désespérés et prêts à tout que nous faisions n'importe quoi. Comment mes filles vivraient-elles ce bouleversement et l'arrêt temporaire de leur scolarité ? Qu'allait devenir le cabinet de mon mari ? Et mon association ?

J'entendis mon mari rentrer. Avant même qu'il dise quoi que ce soit, je lui dis que j'avais changé d'avis et que nous ne partions plus.

Il n'était pas d'accord avec moi : « Nous n'avons pas le choix, tu le sais bien, dit-il d'un ton ferme, nous avons eu la chance qu'il nous propose une place tout de suite, alors qu'il y a une liste d'attente de plusieurs mois. C'est toi-même qui me l'a dit et répété. Et maintenant tu fais volte-face ? Tu ne te rends pas compte de la chance que l'on a ? »

Je savais qu'il avait raison mais je ne l'écoutais pas. Bien sûr, pour lui c'était facile, il rentrerait en France et reprendrait son boulot et sa routine. Mais moi, je devrais tout abandonner ici et gérer seule mes trois enfants là-bas.

« Écoute, poursuivit-il, ne t'emballe pas, attends de voir. Allons-y déjà pour quelques semaines. Si nous voyons que Ruben progresse, c'est toi qui prendras la décision de rester davantage ou non. Personne ne te demande de le faire aujourd'hui.

— Tu dis ça, mais si nous devons rester, qui restera ?

— Tu sais bien que moi je n'ai pas le choix. »

Je réfléchissais et n'arrivais pas à prendre ma décision. Les cours par correspondance allaient être envoyés aux filles par mail, les valises étaient bouclées, notre avion partait à huit heures du matin, et j'hésitais encore.

Au fond, ce qui me faisait le plus peur, au-delà du voyage en avion, c'était de savoir enfin ce dont souffrait exactement Ruben. J'avais passé tous ces derniers mois à rechercher un diagnostic et alors qu'aujourd'hui j'étais peut-être sur le point d'en avoir un, je l'appréhendais. Si notre fils était véritablement autiste, que ferions-nous ? Quitterions-nous définitivement la France pour lui ? Que deviendraient mon couple et mes parents, mon frère et mes amis, mes petits bénévoles et les femmes dont je m'occupais ?

Je ne voulais plus partir. Mon mari et mes filles me faisaient la tête et ne voulaient plus me parler.

Afin d'échapper à la mauvaise ambiance, je m'endormis sans dîner, vaincue aussi par trop d'émotions et de pensées contradictoires.

Vers six heures du matin, un rayon de soleil me réveilla doucement. Cette lumière était chaude et rassurante. Je trouvais que l'aube avait un drôle d'éclat aujourd'hui. Je me levai d'un bond. « Nous allons rater notre avion » pensais-je affolée. Je réveillai tout le monde en criant.

Mon mari ne comprenait plus rien :

« Mais tu avais renoncé à partir…

— Nous partons, vite, dépêche-toi, appelle le taxi. Je t'aime. »

Il sourit. Je n'avais pas besoin d'en dire plus. Il me connaissait par cœur.

Tout le monde se mit à courir partout, me regardant avec amusement et tendresse.

J'expliquai au taxi que nous ne devions pas rater notre avion et il roula un peu plus vite que la loi ne l'autorisait. Le pauvre se fit même flasher sur le périphérique. Nous arrivâmes pile à l'heure alors que l'enregistrement des bagages allait se terminer.

Assis dans l'avion, mon mari me demanda :

« Maintenant que nous partons vraiment, peux-tu me dire pourquoi tu as finalement décidé de partir ?

Je n'étais pas sûre de ma réponse…

— Pour tout te dire, je ne sais pas, je sais juste qu'une douce lumière m'a réveillée et qu'à ce moment-là, j'ai su. »

Après quatre heures et demie de vol, je vis les drapeaux blanc et bleu flotter sur l'aéroport Ben Gourion à Tel Aviv.

J'étais parcourue de frissons. Ça y est, nous y étions.

Et malgré mes doutes de la veille, lorsque l'avion se posa sur la piste, je sus au fond de moi que ce voyage marquerait à jamais notre vie et surtout l'avenir de notre fils.

XV : L'exil de Paris à Jérusalem

Les deux premiers jours à Jérusalem furent difficiles. J'avais du vague à l'âme. Nous étions partis si vite de France sans véritablement savoir ce que nous allions trouver ici que je me sentais perdue, presque exilée. Nous avions l'impression que tout reposait sur nous et nous seuls. Mon mari avait pourtant un peu de famille en Israël mais c'était de la famille éloignée, et pour l'instant il n'avait pas eu envie de les appeler. Et puis, j'avais toujours préféré Tel Aviv et je ne me sentais pas en sécurité ici.

Je trouvais Jérusalem fascinante mais étouffante. La richesse de son histoire, toutes ces croyances qui s'entrechoquaient, la convoitise qu'elle suscitait créaient une atmosphère particulière que je trouvais à la fois électrique et pesante.

Nous étions arrivés le vendredi, juste avant *chabbat* et tout était fermé. Nous n'arrivions pas à capter la télévision française et c'est idiot mais ce détail m'avait contrarié. J'avais envie de me détendre et de penser à autre chose devant l'émission de Ruquier du samedi soir. Je me trouvais ridicule et puérile de m'énerver pour quelque chose d'aussi superficiel, mais cette émission me rattachait à mes petites habitudes rassurantes. Cela me rattachait surtout à la France.

Les sirènes des ambulances retentissaient sans cesse, particulièrement la nuit, et je n'arrivais pas à dormir, craignant un attentat.

En réalité, la véritable raison de mon mal-être était mon impatience à rencontrer le professeur Feuerstein. J'avais l'impression que toute notre vie reposait sur ce rendez-vous.

Nous devions nous rendre au centre le dimanche matin à huit heures trente. Le dimanche étant le premier jour de la semaine pour les Israéliens.

Je fis un rapide baiser à mes deux filles, un peu anxieuses de rester seules à l'hôtel toute la journée, et nous prîmes un taxi.

Nous étions descendus au Leonardo Hôtel parce qu'il était à quinze minutes du centre Feuerstein en voiture. Nous avions une petite valise bien remplie. Jacqueline, l'assistante du professeur, nous avait dit de prendre pour cette première journée, le carnet de santé de Ruben, ses examens médicaux et ses évaluations psychologiques. Elle m'avait également conseillé d'emporter son déjeuner du midi, plusieurs collations et tous ses jouets préférés.

Pendant que le taxi roulait, je découvrais le paysage. Il y avait de vieilles petites maisons avec beaucoup de verdure, des religieux, et des touristes attablés en train de prendre le café et un nombre incalculable de chats. C'était un mélange de modernité et d'ancien, mais surtout de paradoxes. Il y avait d'un côté, des boutiques et des cafés ultra-design, et de l'autre, des religieux aux grands chapeaux qui paraissaient sortir tout droit d'une scène biblique. Il y avait des hôtels luxueux à l'architecture contemporaine jouxtant de vieux monuments empreints d'une histoire millénaire et représentant pour les trois religions monothéistes, le fondement du monde. Jérusalem ressemblait à une passerelle spatio-temporelle qui reliait et réunissait deux mondes, celui du passé originel et celui de l'avenir. Je commençai à trouver à cette ville un charme envoûtant qui m'avait échappé jusqu'alors.

Le chauffeur de taxi nous dit que le centre se trouvait au bout du chemin piétonnier, rue Narkis.

À notre arrivée devant l'immeuble, Ruben fut immédiatement attiré par des sculptures de vaches un peu biscornues et très colorées. Je ne m'étais pas imaginé que le centre se trouverait dans un petit bâtiment de peu d'étages à l'apparence vétuste et négligée.

Il y avait un petit groupe d'enfants accompagnés par une femme voilée qui attendait l'ascenseur et qui se rendait à un cours de théâtre. Elle nous indiqua l'étage et nous expliqua que le centre partageait ses locaux avec diverses associations.

En sortant de l'ascenseur, ma première image fut celle de la salle d'attente, petite et circulaire. Sur les bancs, il y avait des parents assis avec leurs enfants. Une femme aux cheveux sombres avec un adolescent attira mon attention. Ce garçon d'environ 15 ans s'agitait sur le banc alors que sa mère tentait de lui donner une compote de fruits. Elle lui parlait assez fort en anglais et semblait prendre sur elle afin de ne pas s'énerver.

En face, il y avait un papa et sa petite fille trisomique, qui attendaient calmement. De l'autre côté, une juive religieuse tentait d'asseoir son petit garçon qui semblait avoir des problèmes psychomoteurs et qui poussait des cris stridents. Près d'elle, une femme voilée que je supposais palestinienne avait une petite fille d'environ 3 ans sur les genoux. L'enfant avait la tête renversée en arrière et portait de grosses lunettes. L'un de ses yeux était recouvert d'une compresse. Un garçon d'environ 12 ans était au sol et marchait sur ses genoux. Je ne savais pas de quoi il souffrait, n'ayant jamais vu de cas similaire.

Ma première réaction fut le dégoût, puis la honte d'éprouver ce dégoût.

Qu'est-ce que nous faisions là ? Ces enfants avaient l'air d'avoir tellement de problèmes alors que mon fils n'avait finalement pas grand-chose. D'accord, il ne parlait pas, mais il n'était pas aussi... handicapé.

Je me sentais affreusement mal. Mal d'éprouver ce sentiment. Moi qui me trouvais si fondamentalement ouverte, bonne et pétrie d'humanité. J'avais mal d'avoir amené mon fils dans ce lieu qui ressemblait à une cour des miracles. Mal en voyant les yeux de mon mari s'embuer en regardant tout ça.

J'avais la gorge serrée et envie de pleurer. J'avais tant de peine pour ces enfants, de la peine pour ces parents qui faisaient bonne figure mais qui semblaient retenir tant de larmes.

Une très grande femme blonde s'approcha de nous et nous indiqua en anglais le bureau du professeur Feuerstein.

Une seconde femme de la cinquantaine au large sourire vint nous accueillir.

« La famille Cattan, entrez, entrez » nous dit-elle en français avec un fort accent. « C'est donc le petit Ruben... Bonjour Ruben, je suis Jacqueline. Suivez-moi, le professeur vous attend. »

XVI : Le professeur

« Les chromosomes n'auront pas le dernier mot. »
Reuven Feuerstein

Jacqueline nous fit entrer dans une petite pièce adjacente, remplie de livres et de dossiers. Le professeur Feuerstein était en train d'écrire derrière son bureau.

À notre entrée, il nous salua avec convivialité dans un bon français et nous demanda de nous asseoir. Il devait avoir au moins 80 ans. Il portait une longue barbe blanche et un curieux béret noir qui contrastait avec ses cheveux blancs. Il avait l'allure d'un vieux sage qui aurait pu être à la fois un peintre français du début du XIXe siècle, un philosophe, un rabbin ou un kabbaliste. La bonté se lisait sur chacune de ses rides et ses yeux pétillaient de jeunesse et d'intelligence.

Ruben regardait le professeur avec curiosité et amusement. Il semblait lui plaire. Il se mit à ouvrir les portes de ses placards. Il avait déjà fait cela chez son pédopsychiatre ou son orthophoniste et ces derniers l'avaient sermonné durement, alors je me levai vite pour l'en empêcher. Je ne voulais pas que ce début d'entretien se passe mal et dégénère avec une nouvelle crise de Ruben. Mais le professeur m'arrêta immédiatement.

« Laissez Madame, laissez-le. Comprenez, Ruben est un enfant curieux qui s'interroge et qui a besoin de voir et de savoir ce qui se trouve derrière chacune de ces portes. C'est très positif, au contraire, laissez-le faire. »

J'étais très étonnée de cette réaction.

Il reprit : « Bon racontez-moi, parlez-moi de mon cher ami Ruben. »

À l'évocation de son nom, mon fils se retourna vers le professeur, s'approcha naturellement de lui en souriant et commença l'inspection de son bureau.

Un homme entra dans la pièce. C'était le Dr Gross. Il était accompagné d'une jeune femme blonde, aux cheveux bouclés, qui s'appelait Tracy.

Le Dr Gross était neuropsychologue et serait celui qui assurerait le suivi médical et les évaluations de Ruben, nous expliqua le professeur.

Tracy était psychologue comportementaliste. Elle faisait partie de l'équipe des intervenants, appelés ici « médiateurs ».

Ils parlaient tous les deux anglais mais pas avec le même accent. Elle était anglaise et lui américain. Alors j'essayais de les comprendre tout en leur répondant sans trop bafouiller. Après leur avoir tout raconté, étape par étape, le Dr Gross m'expliqua ce qu'ils envisageaient.

Ruben aurait un programme chargé. Il commencerait le matin de chaque semaine à huit heures trente et aurait cinq heures de *remédiation cognitive*, entrecoupées d'environ quinze minutes de pause. Il y aurait de l'orthophonie, de la psychomotricité, de la psychologie comportementale, des jeux à l'ordinateur. Les cours seraient dispensés soit en français, soit en anglais. Nous devions assister à chacune de ces séances et assurer la traduction entre le médiateur et notre fils. Cela nous permettrait d'être, dans le même temps, formés à la méthode afin de pouvoir continuer le travail avec Ruben tout au long de la journée et surtout lorsque nous serons rentrés en France.

Il y avait une rencontre prévue avec une psychologue qui souhaitait s'entretenir avec toute la famille et des examens médicaux à faire à l'hôpital Hadassa. Nous devions y aller la semaine suivante afin de lui faire passer un électro-encéphalogramme et une IRM.

Durant toute cette période qui durerait trois semaines, Ruben serait évalué par les différents thérapeutes.

Le professeur Feuerstein reprit la parole : « À la fin de ces évaluations que nous appelons LPad (*learning potentiel assessment device*), nous nous réunirons tous afin de vous faire part du résultat de ces tests et de ce qu'il faudra mettre en place pour le petit Ruben. »

Tout cela me semblait difficile et insurmontable. Ruben ne supporterait ni ces cinq séances de stimulation intensive ni les examens à l'hôpital. Je n'arriverais jamais à traduire ce que me diraient les thérapeutes et comble de tout, ces évaluations continues au nom complexe ne m'inspiraient pas grand-chose.

Quelle était la signification de cette « évaluation de potentiel d'apprentissage » ? Ne lui ferait-il aucun test de QI, comme je m'y attendais, afin de nous dire si Ruben était retardé mentalement et s'il était autiste ?

Le professeur reprit comme s'il lisait dans mes pensées : « Madame Cattan, vous croyez que tout cela est compliqué et insurmontable. Mais pensiez-vous, il y a deux semaines que vous réussiriez à venir à Jérusalem ? Sachez que rien n'est impossible. Votre fils, et je l'observe pendant que nous parlons, a un énorme potentiel. Nous devons isoler les « îlots de compétence et de normalité » et travailler sur ses manques. Ruben saura s'adapter, se modifier et changer. Tous les enfants en sont capables, peu importe leur âge, leur QI et leur déficience. Il suffit de les stimuler de la bonne façon. N'est-ce pas mon petit Ruben ? » ajouta-t-il en lui prenant ses deux mains dans les siennes et en le regardant dans les yeux.

Ruben semblait hypnotisé par le regard du professeur et à notre grande surprise, il hocha la tête.

Il se tourna de nouveau vers moi et mon mari. « Vous voyez, il est d'accord et commence déjà à vouloir apprendre. N'oubliez pas que ce n'est pas parce qu'il ne parle pas qu'il ne comprend pas ! Ne doutez jamais du potentiel de votre fils. Nous devons simplement déchiffrer les mécanismes cachés du cerveau de votre enfant afin de vous donner une sorte de mode d'emploi qui vous permettra de comprendre Ruben, mais surtout de l'aider à apprendre et progresser. Nous saurons ainsi de quelle façon il réfléchit, comment il apprend. Vous deviendrez une sorte d'interprète, de guide. Que souhaitez-vous Monsieur et Madame Cattan pour votre fils ? Comment l'imaginez-vous dans cinq, dix, vingt ans ? Notre objectif dans ce centre est simple, nous souhaitons que Ruben devienne un enfant autonome, qu'il étudie, qu'il trouve un travail, qu'il fonde une famille et qu'il soit père à son tour. »

Je me mis à pleurer de bonheur. Cet homme venait de m'offrir le plus beau des cadeaux, il venait de m'offrir de l'espoir, cet espoir que les thérapeutes français ne m'avaient jamais offert. Eux qui m'avaient susurré, à travers leurs phrases alambiquées et dénuées d'affect, que mon fils était perdu, qu'il serait un handicapé de plus, une charge pour nous, un poids pour la société. Feuerstein, lui, croyait en lui, en son potentiel et rien que cette croyance faisait déjà toute la différence.

« Cher Professeur, dis-je d'un ton solennel. Merci. Merci de me donner enfin de l'espoir, merci de croire en lui et de le voir tel que je le vois. Merci pour votre humanité. Je n'ai vu ces derniers mois que des médecins froids, glacials, qui ne s'adressaient jamais à Ruben comme vous le faites et qui parlaient de lui comme s'il n'était pas capable de comprendre, comme s'il n'était pas dans la pièce, comme s'il n'existait pas. »

Mais il repoussa mes remerciements d'un geste de la main.

« Madame Cattan, je vais vous donner un travail à faire dès aujourd'hui. Parlez à votre fils, parlez-lui tout le temps. Racontez-lui ce que vous êtes en train de faire, ce que vous pensez, ce que vous voyez, posez-lui des questions même s'il ne vous donne pas tout de suite les réponses. J'appelle cela le *soliloquy*. C'est ainsi qu'il apprendra à parler. »

Le professeur nous fit comprendre que ce premier entretien était fini. Mais avant de partir, il fallait que je lui pose cette question qui me brûlait les lèvres.

« Professeur, excusez-moi mais pensez-vous que Ruben soit autiste ? »

Il sourit.

« Ne vous excusez pas. Votre question est légitime. Je veux vous dire deux choses. Personnellement, je ne le crois pas. Ruben est dans la communication, même si pour l'instant, elle est non verbale. Mais surtout, je n'aime pas les diagnostics faits de façon précoce. Ils enferment les enfants dans une prison sans espoir de changement. Suivez ces séances et vous comprendrez enfin de quoi votre fils est réellement capable. »

Jacqueline nous donna rendez-vous le lendemain matin à huit heures trente afin de commencer cette longue période d'évaluation.

En sortant du centre, nous étions sous le choc de cette rencontre avec le professeur. Il était difficile de décrire avec exactitude ce que nous ressentions.

Cet homme était un grand homme. Un grand pédagogue mais surtout un thérapeute à visage humain qui croyait au potentiel de ces « enfants différents » quel que soit leur handicap. Ce refus du déterminisme, ce positivisme à toute épreuve changeait fondamentalement tout ce que nous avions vu jusque-là. Et cela nous avait fait du bien.

Mais je savais aussi qu'au-delà de ce moment inoubliable avec cet homme que je m'étais empressée de noter sur mon petit carnet de voyage en rentrant à l'hôtel, le travail à entreprendre avec Ruben tout au long de ces prochaines semaines serait difficile.

Je me sentais revigorée par cet espoir que le professeur m'avait transmis mais je ne me faisais guère d'illusion : pendant ces trois semaines à Jérusalem, nous devrions livrer un combat contre son handicap. Nous devrions tout donner et nous investir au-delà de nos limites, de nos forces pour que le miracle s'accomplisse et que Ruben trouve enfin les mots pour se faire comprendre.

Après une balade en ville et un dîner en famille, je m'effondrai de sommeil devant un dessin animé des *Schtroumpf* en hébreu. Je m'endormis en entendant le rire de Ruben. Et comme presque toutes les nuits depuis plusieurs mois, je fis de nouveau ce rêve. Je me réveillais, entendant la petite voix de Ruben me dire : « Bonjour maman, réveille-toi. »

XVII : Premiers jours au centre Feuerstein

« Toute personne est capable de changement quels que soient son âge, son handicap et la gravité de son handicap. »
Reuven Feuerstein

Le lendemain matin, je préparai avec hâte la petite valise de Ruben avec son repas, ses jouets, ses examens…

Il pleuvait beaucoup mais il ne faisait pas froid.

Tracy vint nous accueillir dès notre arrivée. Elle ne nous adressa qu'un rapide bonjour et se précipita sur Ruben.

« Hey Ruben ! » dit-elle avec une voix tonitruante. Puis à notre grande surprise, elle l'empoigna par la taille et lui mit la tête en bas, l'obligeant à marcher sur les mains. Ruben protesta par de petits cris qui se transformèrent en un grand fou rire. Puis elle le redressa et lui fit des chatouilles tout en continuant à lui parler avec une voix forte. Elle se mit à lui masser les épaules énergiquement. Elle continua par des pressions fortes sur les bras.

« Ça te fait du bien, Ruben ? » dit-elle. Il hocha la tête de façon affirmative.

Elle nous emmena devant un grand panneau. C'était le calendrier de la semaine. Elle nous expliqua en détail le programme que Ruben allait suivre, en me demandant de traduire les mots français qui lui manquaient. Puis, elle expliqua à Ruben son emploi du temps du jour, heure par heure, en indiquant les prénoms des médiateurs. Elle parlait fort et lentement, en le regardant dans les yeux. Ruben écouta ses explications jusqu'au bout. Elle avait réussi à capter son attention. Et je ne sais pas si ce sont ses fautes de français, son accent anglais ou sa voix haut perchée mais à chaque fois qu'elle parlait, il souriait, prêt à éclater de rire.

Puis elle se tourna vers moi et me donna plusieurs consignes en anglais : « C'est très important que Ruben regarde, en arrivant au centre, son emploi du temps. Il apprendra ainsi à se repérer dans le temps et dans les différentes salles du centre. Il saura à l'avance avec quel médiateur il devra travailler. Après chaque matinée de travail, vous lui expliquerez quel sera son programme du lendemain, l'heure de ses leçons, le nom des intervenants qu'il verra. Parlez fort, lentement, en articulant davantage et en modulant votre voix. Faites ce même rituel chaque jour, en début et en fin de matinée. »

Je hochais la tête en bon petit soldat, en espérant avoir tout compris.

« Attendez ici. Simha arrive tout de suite » nous dit-elle.

Une jeune femme d'environ 35 ans arriva vers nous avec un large sourire. Simha était française et avait fait son *alya*[7] quelques années plus tôt. Elle avait suivi des études d'orthophonie et s'était formée à la méthode Feuerstein.

7. Ce terme hébreu désigne l'acte d'immigration en Israël.

Elle nous fit entrer dans une petite salle. Elle demanda à Ruben de s'asseoir à table en face d'elle. Elle nous indiqua deux tabourets derrière lui.

Tout comme Tracy, Simha parlait lentement avec une voix forte, pleine de variations.

Elle posa sur la table un garage, deux petites voitures et un personnage. Puis elle prit trois pictogrammes et lui montra la première image. Un visage était dessiné associé au mot « bonjour ». Tout en lui montrant cette image, elle lui dit « Bonjour Ruben » et lui mima le mot comme dans un langage de signe pour personnes sourdes. Simha nous expliqua que c'était une façon de lui indiquer le début de la séance.

Elle lui expliquait chaque chose qu'elle faisait. Les voitures rentraient au garage, se garaient sur le parking. Le personnage, qu'elle avait appelé Ruben, montait dans l'ascenseur au niveau un, puis redescendait au niveau zéro . Elle avait inventé un petit scénario et ce premier jeu dura environ un quart d'heure. Ruben qui avait été très attentif pendant ces quinze minutes commençait à s'impatienter. Il se tourna vers moi, faisant mine de se lever. Elle lui dit que la séance n'était pas terminée et le remit avec douceur mais fermeté sur sa chaise, face à elle.

« Tu ne veux plus jouer au garage ? Oui ou non ? » dit-elle en montrant deux nouveaux pictogrammes, le rouge indiquant le « oui » le bleu indiquant le « non ».

Ruben indiqua le « non ».

« Très bien. Maintenant tu vas devoir choisir entre deux jeux. Le jeu de la ferme ou celui avec des bruits d'animaux » proposa-t-elle.

Ruben choisit la ferme et Simha raconta de nouveau une petite histoire. Elle lui indiqua le nom du fermier et de la fermière ainsi que le nom de tous les animaux. Je me demandais si Ruben avait pu retenir quelques noms d'animaux mais il ne lui répondait pas, se contentant de hochements de tête affirmatifs ou négatifs.

Cette première séance dura environ quarante minutes.

Simha nous expliqua qu'il fallait jouer avec lui de cette façon. Elle insista aussi sur notre façon de lui parler, nous reprochant de parler trop vite et d'avaler tous les mots.

« Vous devez changer votre façon de lui parler. Articulez. Parlez lentement. Modulez votre voix. Associez des gestes à ce que vous dites. Faites des phrases simples et courtes. Donnez-lui une information par phrase. Captez son attention en le regardant dans les yeux puis parlez-lui tout le temps. Lorsque vous jouez avec lui ou que vous sortez avec lui quelque part, proposez-lui de faire un choix entre deux choses seulement. Pas plus. Je vous donne les pictos du « oui » et du « non » afin qu'il puisse vous répondre. Il doit apprendre à associer le « oui » avec ce qu'il souhaite faire et le « non » avec ce qu'il n'a pas envie de faire. C'est une première étape très importante. Il doit comprendre que la communication avec les autres passe par le langage et qu'il est important d'être compris par tout le monde. Pendant des années, Ruben s'est exprimé par des hochements de tête, des gestes, des mots-phrases, des crises. Vous avez appris à déchiffrer ses codes parce que vous êtes ses parents et que vous vivez avec lui au quotidien. Et aujourd'hui Ruben se dit qu'il n'a pas besoin de mots pour se faire comprendre. Alors vous devez changer votre mode de communication avec lui. Cela sera difficile pour vous au début et Ruben s'impatientera, pleurera si vous ne lui donnez pas tout de suite ce qu'il demande. Mais tant qu'il n'aura pas montré l'image du « oui » ou du « non » et choisi entre deux propositions, tenez bon et ne lui donnez pas ce qu'il demande. »

Je notais toutes ces consignes sur mon cahier pour ne rien oublier, tout en me disant que cet exercice serait difficile et que j'aurais beaucoup de mal à laisser mon fils pleurer d'impatience. Mais nous étions là pour débloquer la parole de Ruben et il fallait tout essayer.

Nous avions dix minutes devant nous avant la deuxième séance. Ruben mangea un petit yogourt à la fraise dans la salle d'attente. Et une jeune femme d'une trentaine d'années, très énergique vint nous chercher. Judy était israélienne, mais parlait anglais. Elle nous expliqua qu'elle était psychomotricienne. Elle était très sympathique, vive, drôle. Elle faisait plein de grimaces à Ruben et nous raconta qu'elle avait fait l'école du cirque pour être clown.

Elle nous conduisit dans une grande salle où il y avait des grands ballons, des trampolines, des toupies géantes. Elle fit asseoir Ruben sur la chaise et lui demanda d'enlever ses chaussures. Elle parlait anglais et je traduisais. Je lui expliquai qu'il ne savait pas défaire le scratch de ses tennis mais elle lui montra comment faire. Elle mit les mains sur les siennes afin de le guider.

Puis elle le fit monter dans la grande toupie. Ruben avait un peu peur et se tenait aux bords. Après chaque tour, elle le mettait face à elle et lui disait : « Hello Ruben » et recommençait une nouvelle fois.

Elle le prit dans ses bras et le posa sur le trampoline. Elle le faisait sauter en lui demandant de lui préciser à chaque fois le nombre de sauts qu'il souhaitait faire. Elle lui indiqua plusieurs séries de mouvements qu'il devait reproduire.

Ruben, qui était au départ très craintif, commençait à se détendre.

Pour terminer la séance, elle essaya de mettre Ruben sur le ventre en utilisant le gros ballon de gymnastique. Mais il se mit à s'agiter. Elle me demanda si Ruben avait rampé, marché à quatre pattes comme tous les bébés le font et s'il dormait sur le ventre. Je réalisai non seulement que Ruben avait brûlé toutes les étapes de son développement mais aussi que le fait de se mettre sur le ventre l'avait toujours terrifié.

Elle m'expliqua que les enfants autistes présentaient pour la plupart des troubles sensoriels : « Le fait de se mettre sur le ventre est pour ces enfants très déstabilisant. Ils ont besoin de ressentir leur colonne vertébrale qui est une sorte de repère. Il faut savoir qu'ils ont une sensibilité accrue et une relation particulière avec leurs sens et leur corps. Leur ouïe est très développée et ils ne supportent pas certains bruits comme la perceuse ou la fraise d'un dentiste. Ils se bouchent les oreilles au moindre bruit de klaxon dans la rue. Cela les blesse à l'intérieur d'eux-mêmes. Ils arrivent à percevoir des bruits que vous n'entendez même pas. Un enfant qui habitait au deuxième étage hurlait à chaque fois qu'il entendait la porte du parking grincer, pourtant située au niveau moins un. Il était le seul à être incommodé par ce bruit. Il y a aussi d'autres enfants qui ne supportent pas certaines matières sur la peau ou simplement le contact d'une étiquette. Même le fait de toucher de la pâte à modeler ou de marcher sur le sable peut leur paraître insupportable. Les lumières des spots peuvent aussi les incommoder. C'est pourquoi certains d'entre eux ne supportent pas d'aller dans des centres commerciaux. Et pour les odeurs, c'est pareil. Ils les gardent en mémoire et les associent à des situations agréables ou désagréables. Parfois, ils peuvent même vous dire avec exactitude le parfum que vous aviez mis le lundi de la semaine dernière alors que vous-même, vous ne vous en souvenez plus. »

Je trouvais cela à la fois étrange et terrifiant et je comprenais enfin pourquoi Ruben hurlait en se bouchant les oreilles lorsqu'il entendait certains bruits. Et je réalisais enfin pourquoi il s'agitait tant au supermarché.

L'idée qu'il puisse souffrir et se sentir agressé par toutes ces choses me paraissait insupportable. Comment allions-nous pouvoir gérer ces troubles ? Comment pourrions-nous devancer ses peurs ? Et surtout comment l'aider à les vaincre ?

« Judy, merci beaucoup. Grâce à vous, je comprends mieux certaines réactions de mon fils. Mais je suis effondrée. Sera-t-il toute sa vie terrifié par toutes ces choses ? Ne pourra-t-il jamais marcher sur la plage, faire ses courses au supermarché ou se mettre sur le ventre sans avoir peur ? Toutes ces choses qui sont pour nous naturelles ou simplement parfois incommodantes, le feront-elles souffrir toute sa vie, l'empêchant d'avoir une vie normale ? »

Elle prit ma main dans la sienne.

« Ne vous inquiétez pas. Il y a des façons de le désensibiliser et des moyens de l'apaiser. Lorsque Ruben aura appris à identifier et à reconnaître ces bruits, ces matières… il aura déjà moins peur. Lorsque vous entendrez l'un de ces bruits qui l'effraie, expliquez-lui à quoi il correspond. Prenez-le dans vos bras et serrez-le de façon forte, tout en retirant ses mains de ses oreilles. Rassurez-le en lui répétant toujours la même phrase, qu'il n'a aucune raison d'avoir peur, que ce bruit ne l'atteindra pas et qu'il ne se passera rien. Peu à peu, il apprivoisera ses angoisses. Concernant sa crainte de se mettre sur le ventre, essayez de le coucher dans cette position, le soir après son bain. Au départ, il sera réticent mais maintenez-le fermement et massez-lui le dos. Prenez cette petite balle avec des picots et faites la rouler tout le long de sa colonne vertébrale, plusieurs fois par jour. Vous verrez, cela l'apaisera. »

Je la trouvais formidable. Personne en France ne nous avait parlé de ces problèmes sensoriels et de cette façon d'apaiser notre fils.

La prochaine séance était prévue dans trente minutes ; je proposai à Ruben de visiter la cafétéria du centre qui se trouvait à un autre étage.

Le jeune homme qui tenait le bar nous demanda si nous venions de France. Il s'appelait Laurent Blum. Il était français et semblait heureux de retrouver des compatriotes. Son allocution était lente et il trébuchait sur certains mots. Mais il persévérait et recommençait ses phrases. Il avait sans doute subi un traumatisme cérébral. Mais il ressortait de ce garçon une telle joie de vivre que ce léger handicap s'effaçait derrière son sourire.

Il nous offrit nos deux cafés crème et nous demanda la raison de notre venue. Je dus résumer en quelques phrases ces deux dernières années et tout ce que nous avions traversé avec Ruben. Il nous regarda avec tendresse et partit chercher les cadres photos qui étaient derrière le bar.

« Regardez c'est ma femme et mon fils. Regardez-les bien, c'est un miracle tout comme ma vie aujourd'hui. Ne vous inquiétez plus pour votre fils. Il est entre de bonnes mains. Il y a quelques années, je luttais entre la vie et la mort après l'attentat de la rue Ben Yehouda. J'étais dans un café avec des amis quand la bombe a explosé juste derrière moi. Un boulon de métal a traversé mon cerveau de part en part. Après mon coma, je me suis réveillé avec une hémiplégie du côté droit. Je ne reconnaissais plus personne, ni mes parents, ni mes frères et sœurs, ni mes amis. J'avais perdu la mémoire et ma famille a dû, pendant plusieurs mois, me raconter ma vie, ma jeunesse, recréer mes souvenirs, m'expliquer qui j'étais afin que je puisse tisser de nouveaux liens avec ceux que j'avais aimés et me retrouver. Et puis la longue période de travail avec le professeur et de nombreux médecins a commencé. J'ai dû réapprendre à mâcher, avaler, marcher, lire et compter. J'ai réappris aussi à ressentir et à aimer. J'étais comme déconnecté de moi-même. Et voilà, aujourd'hui, je tiens cette cafétéria et je vis normalement. Je suis marié et j'ai un fils. Je suis la preuve qu'un cerveau, même éteint, peut se rallumer. Alors vous devez croire à la guérison de votre enfant. Votre optimisme, votre amour l'aideront à s'en sortir. C'est aussi l'amour des miens qui m'a porté. »

Il était ému et partit vite servir des cafés.

Nous étions bouleversés par son histoire, par sa façon de nous la raconter. Tout semblait si simple. Sa foi en la vie était tellement communicative qu'il avait réussi en quelques phrases à soulever l'étau qui pesait sur mon cœur depuis deux ans.

Derrière le comptoir, Laurent avait collé des articles de presse qui racontaient son histoire, l'attentat et le miracle de sa survie. Il avait posé sur sa caisse, le livre qui avait été écrit sur sa vie.

Je le regardais parler avec les autres familles, tout le monde semblait le connaître et l'aimer. Son empathie pour les autres n'était pas fabriquée, elle était naturelle et sincère. Et ce qui me touchait par-dessus tout chez lui, c'était son grand sourire qui semblait ne pas vouloir quitter son visage et son regard serein qui était celui d'un homme accompli et heureux.

« J'aimerais tellement qu'un jour Ruben connaisse aussi ce bonheur » pensai-je. Et cette simple idée me fit pleurer. Mon mari me prit dans ses bras, comprenant sans me le demander le sens de mes larmes.

Mais il était déjà temps de remonter et Laurent nous dit qu'il serait heureux de nous revoir le lendemain.

La troisième séance devait se dérouler avec Esther.

Esther était une psychologue française qui avait immigré en Israël, depuis quelques années. Elle devait avoir environ 25 ans et semblait plus timide et réservée que les autres médiatrices. Elle demanda à Ruben de s'asseoir devant la petite table de travail.

« A-t-il déjà fait des puzzles ou des jeux de société avec des tableaux à double entrée ?

— Non, Ruben ne parle pas et j'ai essayé de lui faire faire certains jeux mais il a toujours manifesté son impatience et rejeté violemment les activités que je lui proposais.

— Aime-t-il un personnage de dessin animé en particulier ?

— Oui, il aime bien *Tchoupi*, *Oui Oui* et les *Télétubbies*. »

Elle se leva et prit deux jeux. Le premier était un jeu israélien, une sorte de tableau à double entrée. Le deuxième était un puzzle de *Tchoupi* pour enfant de 5 ou 6 ans. Puis elle s'adressa à lui : « Qu'est-ce que tu veux faire, le puzzle de *Tchoupi* ou *Ba michbabestet* que tu ne connais pas encore mais qui est très amusant ? »

Ruben ne réagissait pas.

Elle prit sa main et lui reposa la même question en ajoutant : « Celui-ci ou celui-là ? Choisis. »

Ruben indiqua avec sa main le jeu au drôle de nom qu'il ne connaissait pas encore.

Esther lui expliqua la règle. Je remarquai qu'elle avait la même façon de lui parler que les autres médiatrices. La même tonalité forte, la même lenteur d'élocution. Les phrases étaient simples et courtes.

Je regardais mon mari d'un air inquiet. Ruben n'arriverait jamais à jouer à ce jeu compliqué.

Mais à notre grande surprise, Ruben prit chacun des pions avec beaucoup de précaution et les posa aux bons emplacements. Il se trompa juste sur le dernier pion qu'il plaça sur la mauvaise couleur.

« Ruben, tu as voulu aller trop vite. Recommence ! » lui dit-elle.

Il réfléchit et le mit sur le bon emplacement.

Nous étions bouche bée. Et je me mis à lui crier « bravo » en l'applaudissant. Il se retourna en m'adressant un grand sourire.

« Regardez son sourire. Ruben est fier de ce qu'il vient d'accomplir et de la réaction de bonheur qu'il a provoquée chez vous. Voilà ce que sera notre base de travail » me dit-elle.

Puis elle prit le puzzle et le posa sur la table.

« Regarde, commence par les pièces des différents bords, c'est plus facile. Il y a les pièces du haut, du bas, du côté droit, du côté gauche. Je te mets toutes ces pièces à droite. »

Elle avait pris la main de Ruben et accompagnait tout ce qu'elle disait en le faisant toucher chaque bord du puzzle.

Elle poursuivit : « Après, nous ferons le centre du puzzle où se trouvent les personnages. Je te mets ces autres pièces à gauche. »

Mais Ruben semblait avoir été au bout de ses efforts et il rejeta le puzzle violemment. Les pièces tombèrent sur le sol. Il se retourna vers moi en s'agitant et en me tendant les bras pour que je le prenne.

Je me précipitai vers lui pour essayer de l'apaiser. Mais avant que je puisse l'atteindre, il repoussa la table de ses pieds et la table bascula sur Esther. Puis il se jeta par terre en criant.

J'étais désolée de sa réaction et m'excusai.

« Ne vous inquiétez pas, j'ai l'habitude. Ne voyez pas cela comme une crise mais comme une façon de nous dire qu'il en a assez. C'est son premier jour au centre et il a déjà eu deux heures de stimulation. Il doit être fatigué. »

La réaction violente de Ruben ne semblait pas du tout l'impressionner. Elle était d'un calme déconcertant.

« Alors Ruben, tu en as marre, tu ne veux plus travailler ? lui dit-elle d'une voix traînante en le soulevant dans ses bras. Moi aussi tu sais, je suis épuisée. Que dirais-tu de boire ou de manger quelque chose que tu aimes ? Cela te donnerait des forces pour continuer. Maman, va te donner un yogourt à la fraise, ça te va ? »

Ruben acquiesça en hochant la tête.

« Mais avant de manger, tu vas m'aider à ramasser toutes les pièces. Tu dois m'aider, j'ai très mal au dos. Puis quand tu auras fini de manger, tu te remettras à table afin de terminer le puzzle, d'accord ? » lui dit-elle en l'embrassant.

Ruben l'aida à ramasser quelques pièces, mangea son yogourt et se rassit comme le lui avait indiqué Esther.

Il examina chaque pièce quelques minutes puis il les mit au bon endroit sans aucune difficulté. Nous n'en revenions pas. Il n'avait jamais fait de puzzle, et en moins de trois minutes il avait réussi à terminer le premier.

Il se leva et alla en chercher un deuxième avec des voitures de course. Il fit le tri des pièces avec Esther et termina son puzzle tout seul et très rapidement.

Nous étions très heureux. Ruben avait non seulement montré de la méthode et de l'application mais il avait surtout réussi à nous prouver qu'il était tout à fait capable de réaliser des jeux de son âge. Ces simples exercices venaient de nous faire prendre conscience que Ruben n'avait aucun retard mental et que son absence de langage n'était pas liée à une déficience intellectuelle, comme certains médecins nous l'avaient laissé supposer.

La séance terminée, il se jeta dans nos bras, heureux d'avoir accompli ce travail. Son visage était celui d'un enfant apaisé comme si la crise de tout à l'heure n'avait jamais eu lieu.

Je laissai mon mari et Ruben dans la salle d'attente afin d'aller consulter l'emploi du temps.

Il nous restait deux heures de stimulation, l'une avec un Mordehaï, l'autre avec Tracy.

Mordehaï vint nous chercher avec un peu de retard en s'excusant. Je lui dis que Ruben était très fatigué et qu'il s'était endormi pendant la pause. Il me répondit dans un très bon français qu'avec les jeux qu'il allait lui faire faire, il se réveillerait en douceur.

« Bonjour Ruben, tes parents ont écrit sur ton dossier que tu étais un superchampion de l'ordinateur et que tu en faisais depuis que tu étais tout petit, c'est vrai ? Assieds-toi près de moi. »

Ruben oublia sa fatigue d'un coup, hypnotisé par les petits personnages qui s'agitaient sur l'écran.

« Nous allons faire un jeu afin de tester ta mémoire. »

C'était un jeu de labyrinthe où des animaux allaient chercher des fruits dans la jungle. Nous remarquions qu'il faisait peu d'erreurs et que sa mémoire semblait illimitée. Il était parvenu à mémoriser tous les chemins qu'empruntaient les différents personnages. Il avait aussi compris très rapidement le fonctionnement de ce nouvel ordinateur. Et très vite, Mordehaï le laissa jouer seul à différents jeux afin de nous parler.

« Votre fils a une mémoire colossale et il enchaîne les différents jeux sans aucune difficulté de compréhension. Il faut se servir de ce point fort.

— Comment peut-il avoir une telle mémoire ? Être à ce point doué avec un ordinateur et ne pas réussir à parler ?

— Il est trop tôt pour vous donner un diagnostic précis mais ce que je peux vous assurer c'est que votre fils a un fort potentiel et son cas ne m'inquiète pas du tout. »

Nous étions tellement heureux d'entendre cela, de voir notre fils capable de tant de choses. Nous avions passé ces deux dernières années dans le noir le plus complet. Sous prétexte que Ruben ne parlait pas, nous n'avions pas imaginé qu'il puisse cacher de telles capacités. Il faut dire que personne ne nous avait jamais permis d'entrevoir la moindre perspective.

De retour dans la salle d'attente, je regardai Ruben qui semblait avoir oublié sa fatigue. Chaque stimulation était une bouffée d'oxygène qui lui redonnait de l'énergie et de la bonne humeur. Il se dirigea vers le jeune adolescent de 15 ans que nous avions déjà vu. Le jeune homme s'agita, détournant les yeux à l'approche de Ruben. Craignant une réaction vive de sa part, je me précipitai vers mon fils.

« Ne vous inquiétez pas, il aime jouer avec les enfants » me dit sa maman en anglais.

Elle nous présenta son fils qui s'appelait Grégory. Tous deux venaient d'Afrique du Sud. Elle était très souriante et me prit la main, en m'indiquant de venir m'asseoir près d'elle. Elle me raconta que son fils avait été diagnostiqué autiste très tôt, et que depuis plusieurs années, ils parcouraient ensemble le monde à la recherche de nouvelles méthodes de stimulation pendant que le papa et les deux autres enfants restaient à la maison. Ils allaient régulièrement à New York et au Canada où les méthodes de stimulation étaient les meilleures. Mais beaucoup d'amies à elle avaient obtenu d'excellents résultats avec la méthode Feuerstein et cela faisait plusieurs mois qu'ils étaient là. Grégory avait fait beaucoup de progrès et ils rentraient chez eux dans quinze jours.

Je lui racontai nos deux dernières années et je me confiai à elle comme si nous étions les meilleures amies du monde. Et Lorsque Tracy arriva, elle prit Ruben dans ses bras naturellement pendant que Grégory disait au revoir à Ruben d'un signe de la main. Cela m'avait fait beaucoup de bien de partager tout cela avec elle. Elle prenait la mesure de ce que nous traversions mieux que n'importe quel autre proche n'aurait pu le faire. Et c'est sans doute cela qui m'avait manqué. Même si j'en parlais avec ma famille ou mes amis les plus chers, il fallait être dans cette situation pour savoir ce que nous endurions au quotidien.

La séance avec Tracy se passa très bien, sans que Ruben ne s'impatiente. Elle avait installé sur la table un grand train avec des rails et un passage à niveau. Elle avait demandé à Ruben de choisir les wagons qui se trouvaient dans une grande boîte ainsi que les personnages. Tracy leur avait donné des noms en demandant l'approbation de Ruben, à l'aide des pictogrammes. Puis, ensemble, ils avaient créé un scénario avec quelques rebondissements. Il n'avait jamais fait cela auparavant et sa capacité à inventer et imaginer une histoire m'étonnait.

Tracy disait quelques mots en français et je traduisais en simultané ses phrases en anglais. Je me demandais comment Ruben arrivait à suivre ce dialogue bilingue qu'elle ponctuait d'un « O.K. Ruben ? »

Mais visiblement il appréciait énormément Tracy et l'histoire qu'ils avaient imaginée ensemble. D'ailleurs, Il ne nous regardait même plus et semblait en totale connexion avec elle.

Ruben adorait particulièrement le moment où le personnage se trouvait devant un passage à niveau et que Tracy le faisait parler : « Oh, c'est fermé, ouvrez-moi la porte, s'il vous plaît », le passage à niveau s'ouvrait et le petit personnage disait « merci ». Elle avait répété plusieurs fois cette scène, ce qui avait fait beaucoup rire Ruben.

Arrivée à la fin de la séance, elle me demanda comment se disait « O.K. » en français. Je lui traduisais par « d'accord ». Et lorsque Tracy demanda à Ruben de l'aider à ranger les jouets dans la boîte, en lui demandant en français s'il était « d'accord », il la regarda avec un sourire en lui répondant « O.K. ». J'éclatai de rire en le félicitant et Tracy me lança un regard entendu.

Nous étions impressionnés. Ce simple petit mot prononcé par Ruben nous montrait que non seulement il pouvait parler s'il le voulait, mémoriser des mots quelle que soit la langue employée et qu'il pouvait, en plus, faire preuve d'humour.

Tracy le complimenta et le récompensa en le faisant tourner dans les airs. Puis elle le fit marcher sur les mains et termina par des chatouilles, suivis de pressions fortes sur les bras et de frictions sur les épaules.

Ruben ne semblait plus du tout effrayé, au contraire, il en réclamait encore.

Après la séance, je les laissai m'attendre devant le planning du lendemain et je passais voir la psychologue familiale afin de fixer un rendez-vous.

C'était une femme d'un certain âge, grande et bien en chair. Elle parlait anglais avec un fort accent israélien et je ne comprenais qu'un mot sur cinq. Elle portait une longue jupe style patchwork, de gros bijoux en pierre et des bracelets qui tintaient à chacun de ses mouvements. Elle me faisait penser, à tort ou à raison, aux Israéliens bobos baba cool de gauche très cultivés qui habitent le quartier à l'inspiration très française de Neve Tsedek à Tel Aviv. Elle avait aussi sa place dans un film de Woody Allen. Et j'étais tellement absorbée par cette réflexion incongrue que je ne suivais pas du tout la conversation. Elle me donna rendez-vous pour la semaine suivante et je me contentai de hocher la tête, sans même avoir compris la date de notre entretien.

Devoir raconter de nouveau notre vie et notre parcours avec Ruben ne m'enchantait guère mais le faire en anglais sans comprendre ni ses questions, ni ses réponses serait un exercice de haute voltige qui promettait une séance burlesque.

Dans le taxi, je n'arrêtais pas de sourire et je voyais que mon mari semblait lui aussi aux anges. En une seule matinée, nous avions changé d'humeur comme si nous nous étions réveillés après un long sommeil. Entrevoir un espoir de changement et d'évolution pour notre fils nous avait redonné vie.

De retour à l'hôtel, je notai mes observations sur cette première matinée qui avait été très instructive. Nous avions commencé à découvrir une face cachée de notre fils et j'étais persuadée que nous allions en découvrir beaucoup d'autres.

Nous étions passés prendre des pizzas pour tout le monde dans un petit snack, heureux de retrouver les filles à l'hôtel et de partager ce repas en famille.

Pour la première fois, Ruben manifesta de l'intérêt pour ce que nous mangions et arrêta son jeu répétitif pour goûter la pizza. Comme il ne savait toujours pas mâcher, il plongea son petit doigt avec délice dans la sauce tomate et termina ainsi toute la garniture.

Nous étions épuisés mais j'avais promis aux filles de leur consacrer tous les après-midi, histoire de ne pas capitaliser tout notre intérêt sur Ruben et les rendre jalouses de leur frère.

Mon mari garderait Ruben et je les emmènerais découvrir Jérusalem.

L'une voulait visiter des musées, l'autre faire du shopping dans les *canyons*[8]. Et je fis plaisir aux deux. Les musées fermaient très tard en Israël et je rentrai à vingt et une heures à l'hôtel complètement claquée alors qu'elles débordaient encore d'énergie.

Mon mari et mon fils semblaient avoir passé une bonne journée et le dîner au restaurant de l'hôtel se passa tranquillement.

Les employés étaient très gentils et semblaient avoir l'habitude des grandes familles. Il y avait des crayons et des carnets de dessin pour les enfants et ils ne nous regardaient pas de travers lorsque Ruben se levait pour faire un petit tour.

8. Centres commerciaux israéliens.

Gaby, le directeur de l'hôtel, vint même s'asseoir à notre table pour discuter. Il parlait très bien français et nous indiqua les lieux à ne pas rater à Jérusalem. Il nous proposa de l'appeler si nous avions besoin de quoi que ce soit pour les enfants. Ayant longtemps vécu en France, il nous expliqua que le regard des Israéliens sur les enfants handicapés était très différent de ce qu'il avait pu voir là-bas. Et que les parents n'hésitaient pas à sortir leurs enfants dans des lieux publics parce que tout était fait pour les accueillir.

Je lui répondis que le regard des autres ne me touchait plus depuis longtemps.

J'étais déjà habituée à subir ce regard méprisant ou les remarques déplacées à l'égard de mon frère lorsqu'il était tout petit. Mais je devais reconnaître en mon for intérieur que c'est pour cette raison que nous évitions en France de sortir dans des lieux publics avec Ruben, de peur d'une crise et du fameux regard des gens. Et c'est vrai qu'ici, nous ne nous comportions pas de la même façon, peut-être parce que nous étions nous-mêmes des étrangers, mais surtout parce qu'en Israël tout était fait pour les familles avec un enfant handicapé, et que le handicap n'avait pas du tout la même image. Les enfants autistes étaient intégrés dans la société dès l'école maternelle et les Israéliens étaient éduqués à la différence.

Après le dîner, nous prîmes un thé à la menthe au bar et tout naturellement, l'un des serveurs, Yasar, de nationalité arabe israélienne, vint discuter avec nous, offrant des petits gâteaux aux filles.

Cette atmosphère bienveillante et cette douceur de vivre qui régnait dans cet hôtel nous avaient permis enfin de retrouver un peu de sérénité et de nous ressourcer avant d'attaquer la journée du lendemain.

Le deuxième jour au centre se déroula de la même façon.

Deux médiatrices, Dorit et Léa, s'étaient ajoutées à la liste.

Dorit était israélienne mais parlait très bien français. Ils avaient fait ensemble de nombreux jeux éducatifs. Elle n'arrêtait pas de lui inventer des petites ritournelles qui nous paraissaient à l'époque sans importance comme : « Je suis Dorit, tu es Ruben, je suis une fille, toi un garçon, nous aimons jouer ensemble. » Ce ne sera que bien plus tard que je comprendrais qu'à ce moment-là Ruben ne s'identifiait pas comme une personne à part entière et que ces chansons, utilisant le « je », le « tu » et le « nous », n'étaient pas anodines.

En revanche, les séances avec Léa se passèrent très mal. Léa était israélienne et devait avoir un peu plus de 20 ans. Elle était très grande, habillée de noir, et ressemblait à un personnage d'*Harry Potter*. Elle était très rigide et avait une voix sévère et trop directive. Ruben avait décidé de ne pas travailler avec elle et il n'en démordait pas. Et au bout de deux séances faites de cris et de larmes, je demandai un changement de médiatrice, réclamant d'avoir davantage de séances avec Simha.

Le jeudi matin, Jacqueline vint nous dire que le professeur demandait à nous voir.

« Monsieur et Madame Cattan, demain c'est vendredi et il n'y a pas de séance prévue pour votre fils, le professeur souhaiterait que vous alliez le voir à son domicile avec Ruben. Le Dr Gross vous rejoindra à la fin de votre entretien. Il veut discuter avec vous autour d'un café. »

J'étais très étonnée et un peu anxieuse.

« Tout va bien, il n'est pas inquiet pour Ruben ?

— Non rassurez-vous, au contraire, il a eu des retours très prometteurs de la part des médiatrices et il a décidé de s'en occuper personnellement. »

Le professeur semblait s'intéresser à notre fils et je me demandais bien pourquoi. Peut-être que le comportement de Ruben, les capacités qu'il avait déjà démontrées lui avaient permis de faire un début de diagnostic.

Tout au long de la semaine, nous avions aperçu le professeur arriver dans son fauteuil roulant et repartir quelques heures plus tard, épuisé mais toujours avec le sourire, prenant le temps de saluer tous les enfants. Nous n'avions pas osé le déranger afin de lui parler des progrès que notre fils commençait à faire et du questionnement que cela avait fait naître en nous. Et quoi qu'il souhaite nous dire, cet entretien nous permettrait de faire le point sur ces premières séances.

Mais malgré le fait d'être flattée que Ruben provoque cette attention particulière chez ce grand professeur, au fond de moi, j'appréhendais ce rendez-vous.

XVIII : Le sixième jour

Ce matin-là, une forte luminosité me tira de mon sommeil. Mon mari avait oublié de fermer les rideaux et je me retournais dans mon lit, cherchant à me rendormir.

C'est à ce moment-là que j'entendis la voix de mon fils : « Bonjour maman, ça va ? »

Je me retournai brutalement et tombai du lit.

Je ne rêvais pas, enfin peut-être que si finalement.

Mon fils me regardait d'un air étonné et se mit à rire en me voyant par terre.

« Ruben c'est toi qui a parlé ?

— Bonjour maman, ça va ? »

Je me mis à hurler le prénom de mon mari. Il fit un bond.

« Il parle Cyril, il parle, il vient de faire une phrase. Répète Ruben, encore, dis encore maman ça va, s'il te plaît. »

Mon mari me regardait comme si j'avais perdu la tête.

Mais mon fils répéta cette phrase qui fut la plus belle phrase de toute notre vie.

Et là ce fut l'explosion de bonheur.

Nous l'avons embrassé, mangé de baisers, abreuvé de larmes et de mercis. Puis j'ai couru dans la chambre des filles en leur hurlant que leur frère parlait. J'ai appelé mes parents qui explosèrent de joie à leur tour.

Je ne sais pas si ce fut la méthode Feuerstein ou la ville de Jérusalem qui provoqua ce miracle mais ce que je sais c'est que ce miracle s'accomplit ce vendredi dans cette chambre du Leonardo Hôtel à Jérusalem.

Peu importent les diagnostics en tout genre, peu importe qu'il soit autiste ou non, Ruben pouvait « faire des phrases » et communiquer enfin avec nous. Et à ce moment-là, c'est tout ce qui comptait.

Après nous être remis de nos émotions, il fallait nous préparer au rendez-vous avec le professeur. Je n'avais plus peur et j'étais impatiente de lui faire part de ce qui venait de se passer.

Sa maison était située dans un quartier populaire de Jérusalem. Elle était toute petite, cachée en partie par des herbes folles. Ses volets étaient de ce bleu outremer que j'affectionne particulièrement. La porte était entrouverte mais je sonnai malgré tout. Un homme d'origine indienne vint m'ouvrir et nous conduisit au professeur qui se trouvait dans la salle à manger. On l'apercevait à peine, penché derrière son bureau envahi de dossiers et de livres dans toutes les langues.

Il nous serra chaleureusement la main, demanda à Ruben de s'approcher de son fauteuil roulant et le prit dans ses bras.

« Alors mes amis, nous dit-il, prenons un café, j'ai un très bon café français.

— Avec plaisir, Professeur. Nous avons une grande nouvelle que je suis impatiente de partager. En se réveillant ce matin Ruben a parlé et a fait sa première phrase.

Il ne sembla même pas étonné.

— Cela ne me surprend pas. Ruben est capable de faire de grandes choses. Nous ne sommes qu'à une semaine de stimulation. Attendez la fin des trois semaines nécessaires à son évaluation et vous saurez qui est votre fils. »

Pendant que nous parlions, Ruben regardait les petites statuettes posées sur le rebord de la grande fenêtre. Il s'en approchait et le professeur, sachant que j'allais l'en empêcher, m'arrêta par un geste de la main et s'adressa à Ruben.

« Elles te plaisent ces statues Ruben ? Je les ai ramenées de mes voyages dans le monde entier. Elles sont importantes pour moi, alors regarde-les, touche-les mais fais-y attention. »

Ruben regarda le professeur d'un air entendu et prit avec beaucoup de précaution une statuette ronde en pierre. Il la touchait, dessinant les contours des deux personnages. Cette statue semblait l'émouvoir et il la porta à son père avec un sourire. Cette statue représentait un père avec son fils.

« Vous voyez, nous dit le professeur. Ruben a des trésors d'intelligence mais aussi des sentiments et des émotions qu'il n'a pas réussi à exprimer et qu'il garde en lui. Nous ne devons pas seulement lui apprendre à compter ou à lire mais l'aider à comprendre et à nous raconter ce qu'il ressent. Il doit pouvoir nous dire lorsqu'il est en colère ou triste, fatigué ou malade. Il doit réussir à mettre des mots sur l'amour qu'il éprouve pour vous. Mais cela Monsieur Cattan, par l'intermédiaire de cette statue, il vient de vous le dire. »

Après avoir dégusté ce bon café et partagé les souvenirs du professeur sur ses années d'études en France, à la Sorbonne, et sur sa rencontre incroyable avec Jacques Chirac, il nous expliqua les raisons de cette entrevue.

« Tout d'abord, je vous le répète, je m'occuperai de votre fils personnellement. Tout au long de la semaine, les médiatrices m'ont fait un retour très intéressant. Ruben a une mémoire colossale et une facilité d'adaptation à des règles. Il n'a aucune difficulté avec les jeux faits pour les enfants de son âge. Il semble être plus mûr qu'un enfant de 5 ans pour certaines choses. Mais pour d'autres choses, il est en retard d'environ deux ans. Nous pouvons en conclure que Ruben s'est développé de façon disharmonieuse. Aujourd'hui, notre objectif est d'harmoniser son développement. Concernant ses attitudes parasitaires, comme le fait de jouer de façon répétitive avec une cuillère ou avec une brosse à cheveux, il faut peu à peu les réduire et les normaliser. Au lieu de jouer avec une cuillère ou une brosse, donnez-lui une baguette de batterie. Lorsque vous serez à l'extérieur, personne ne trouvera cela anormal qu'il joue ainsi. Il ne subira pas le regard des autres. Puis participez à son jeu en lui faisant travailler différents rythmes. Peu à peu, il donnera un sens à ce jeu qui n'en avait pas. Il passera peut-être à un autre jeu répétitif mais amenez-le à faire de ce nouveau jeu, une activité construite.

— Mais ne pouvons-nous pas simplement l'empêcher de le faire ? demanda mon mari.

— Non, pas de façon brusque. Ruben a développé des jeux très personnels, liés à la relation qu'il a construite avec son environnement. Ces jeux répétitifs sont pour Ruben une façon de s'autostimuler.

— J'ai lu beaucoup de livres sur le sujet, est-ce de l'autostimulation ou de la stéréotypie ? dis-je d'un ton inquiet.

— Ces mots désignent des choses très différentes. Il ne faut pas tout mélanger. Lorsque certains enfants répètent le même acte inlassablement comme faire tourner une toupie de la même façon pendant des heures, cela s'appelle de la stéréotypie. Un même acte provoquant la même conséquence. C'est une façon pour eux de se rassurer sur le monde qui les entoure, d'avoir un contrôle sur son immuabilité. Je pense, d'après le questionnaire que vous avez rempli, que Ruben, lorsqu'il était petit, faisait de la stéréotypie mais il n'en est plus là aujourd'hui. Votre petit garçon n'est pas hostile au changement, bien au contraire. Il a soif d'apprendre de nouvelles choses et sa capacité à s'adapter à ce changement nous montre que ces jeux répétitifs lui permettent simplement de se stimuler. Et pour réduire cela, il faut donner un sens à ces activités répétitives et les remplacer par autre chose.

— Et comment interpréter ces sons répétitifs qu'il fait en même tant avec sa bouche ?

— Cela peut nous faire penser à de l'écholalie. Mais ce babillage finira par disparaître lorsque le langage fera son apparition. Nous verrons si Ruben répète certaines phrases hors contexte. Mais à ce stade, c'est trop tôt pour le dire.

J'entendis la porte s'ouvrir. C'était le professeur Steven Gross.

— Hello, nous lança-t-il avec un large sourire.

— Steven nous a rejoints pour établir le programme de Ruben. Nous avons constaté que votre enfant est capable d'évoluer très vite et nous devons fixer différents objectifs. Il faut faire émerger son langage mais aussi lui apprendre à s'habiller tout seul, à manger, à réguler son sommeil, et lui apprendre à devenir propre. Vous devez aussi lui faire passer des examens à l'hôpital afin d'éliminer plusieurs choses.

Le Dr Gross prit la parole.

— Madame Cattan, puisque vous êtes bilingue, vous viendrez me voir en début de semaine prochaine pendant que Ruben sera avec Simha et votre mari. Vous me parlerez de ses habitudes alimentaires et nous ferons ensemble un programme nutritionnel. Je pense que ce qu'il mange a une incidence directe sur son heure tardive de coucher. Je vous donnerai les ordonnances pour l'électroencéphalogramme et le rendez-vous avec la neurologue. Je vous indiquerai quoi faire pour préparer Ruben à ces examens à l'hôpital. Si nous pouvons faire l'IRM également, c'est mieux mais nous aviserons plus tard.

— Notre entretien est terminé, dit le professeur Feuerstein, nous allons continuer à élaborer le programme avec le Dr Gross. J'ai noté que vous préférez que Ruben arrête de travailler avec Léa et que Simha la remplace. Pas de problème. Je pense en effet que Simha, qui est orthophoniste et française, lui fera faire plus de progrès. Maintenant, allez profiter de votre journée de congé. Emmenez Ruben au Jerusalem biblical Zoo. Promenez-vous, faites le marcher, courir, chanter. Vous verrez il dormira mieux ce soir. Il fait beau, et Jérusalem est une ville fascinante. »

Après être passés chercher les filles à l'hôtel, nous prîmes la direction du zoo. Le professeur avait raison, ce lieu était d'une beauté incroyable. Après que nous nous sommes amusés devant les singes, extasiés devant les couleurs chatoyantes des perroquets et des différentes sortes de reptiles, Ruben voulut prendre le petit train qui grimpait vers les collines. Tout là-haut, une jeune fille nous indiqua que c'était la fête de *Tou bichvat,* « le nouvel an des arbres » et que pour cette occasion, une association proposait aux visiteurs du zoo de planter un petit arbre. Chacun de nos enfants en prit un et le planta. Mon mari aida Ruben qui sembla très heureux de réaliser cette activité avec son père et de plonger ses mains dans la terre. Le travail accompli, il me regarda fièrement avec sa pelle dans la main, en m'adressant un très beau sourire que j'immortalisai immédiatement par une photo.

Je contemplais cette colline remplie de pins et tentais de retenir en moi cette sérénité nouvelle que je ressentais devant ce paysage grandiose. Je respirais profondément, essayant de reprendre des forces pour l'avenir. Et je me sentais vivante, comme si cette nature me ressourçait après toutes ces années de cauchemar. J'admirais l'arbre planté par Ruben en y voyant ce qu'il représentait symboliquement. Mon fils était comme ce petit arbre, il venait de renaître ici et nous devrons, chaque jour, surveiller sa bonne pousse, l'aider à se consolider afin que des fruits nombreux apparaissent.

Le reste de la famille me rejoignit et nous regardâmes ce paysage, pendant un long moment, sans nous dire un mot.

Je sentais déjà que ce périple en Israël nous avait tous soudés et que c'était grâce à notre fils.

La fin de l'après-midi se termina par une balade devant les boutiques de la galerie marchande qui menait au mur des Lamentations. C'était le très beau quartier de Mamilla qui avait été rénové et qui ressemblait au village de Bercy. Cette architecture moderne, entourée de murailles à l'histoire millénaire, me donnait l'impression de me promener entre deux mondes. Le soleil se reflétait sur les murs de pierre et dans les vitrines design alors que l'on apercevait au loin la vieille ville et la porte de Jaffa.

Tout était en train de fermer peu à peu pour *chabbat* mais quelle importance ! Nous étions ensemble et le reste ne comptait pas.

Après un dîner rapide dans le restaurant de l'hôtel où de nombreuses familles récitaient la prière du *kiddouch* dans toutes les langues, nos longues heures de marche eurent raison de nous.

Je m'endormis avec une seule pensée en tête. Je me demandais si Ruben me réveillerait demain matin avec une nouvelle phrase.

XIX : À pas de géant

« À Jérusalem, dans le chaos et la vitalité de la rue, nous nous mêlions à la foule hétéroclite, toutes races, cultures, langues, tenues vestimentaires ou handicaps confondus. La norme n'avait pas de contours précis.
C'était si reposant ! Délivrés du fameux regard de l'autre. »
Mariana Loupan

Ruben me réveilla le lendemain et le surlendemain matin de la même façon et avec la même phrase. Il la répéta plusieurs fois, guettant le bonheur sur mon visage et attendant que je me jette sur lui pour l'embrasser. Alors je l'inondais de baisers et ce réveil devint notre rituel pendant plusieurs jours.

La deuxième semaine de stimulation commença par ce rendez-vous prévu avec le Dr Gross.

Il m'interrogea sur les habitudes alimentaires de Ruben. Ruben ne mangeait que des aliments moulinés, ce qui réduisait beaucoup les possibilités. Il prenait des yogourts au petit déjeuner, un pot aux légumes et à la viande le midi, des pots à la vanille au goûter et un plat que je lui cuisinais et lui mixais le soir. Il adorait aussi manger du fromage Babybel, qu'il fallait couper en bouts minuscules, et du Nutella en dessert. Ses repas n'étaient pas très équilibrés mais il refusait tout le reste. Et sa boisson principale était le Coca. Depuis tout petit, il avait refusé de boire de l'eau.

Le Dr Gross m'expliqua que ce que nous mangions influait sur notre cerveau, notre système nerveux et nos neurotransmetteurs[9].

« Le sucre, avant de dormir, est très nocif sur son métabolisme et c'est cela qui l'empêche de dormir. Il faut arrêter totalement le Nutella le soir et ajouter peu à peu de l'eau dans sa bouteille de Coca », me dit-il.

Puis il me demanda si Ruben avait des remontées gastriques et mal au ventre de façon régulière.

« Oui, en effet, il se plaint souvent et à la même heure de son ventre et nous voulions lui faire prescrire par son médecin une analyse de sang pour savoir s'il n'était pas allergique au gluten comme l'une de ses sœurs. »

Il m'expliqua alors qu'il existait des régimes spéciaux aux États-Unis et au Canada pour les enfants présentant les mêmes troubles que notre fils : « Ce sont des régimes sans gluten et sans caséine. Les médecins ont remarqué que beaucoup d'enfants autistes avaient des problèmes intestinaux. Leurs analyses d'urine ont montré un excès de peptides. Ils en ont conclu que probablement le gluten et la caséine n'étaient pas entièrement digérés dans l'intestin. Ils ont donc préconisé une alimentation dépourvue de ces deux substances. Pour faire simple, des médecins affirment que lorsque l'on suit ces régimes, la transmission aux récepteurs du cerveau est accélérée. Il faut

9. Le neurotransmetteur est une molécule chimique qui assure la transmission des messages d'un neurone à l'autre.

suivre ce régime pendant un an afin d'évaluer les résultats. Faites-lui faire cette prise de sang et nous aviserons à ce moment-là. Je sais que ce genre de régime est plus facile à faire aux États-Unis ou au Canada. Il y a plus de produits sans gluten dans les rayons des supermarchés. Mais cela commence à arriver en France et je sais qu'il y a un chercheur et un médecin qui travaillent sur ce type de protocoles alimentaires » me dit-il tout en cherchant leurs coordonnées.

« Mais est-ce que l'efficacité de ces régimes a été prouvée ?

— Un grand nombre de parents disent qu'ils ont remarqué une nette amélioration de la santé de leurs enfants : plus de problèmes intestinaux, un temps d'attention augmenté, moins d'agressivité et de crises, des comportements répétitifs diminués, une meilleure croissance et une prise de poids plus régulière. Certains chercheurs disent même que cela aurait une incidence positive sur le langage. »

Il ajouta qu'il trouvait que Ruben avait un front très large et que la pousse de ses cheveux était très éloignée, ce qui le préoccupait. Puis sans développer davantage, il me donna les ordonnances pour les analyses médicales et l'électroencéphalogramme que Ruben devait faire à l'hôpital Hadassa. Puis il ajouta qu'il s'occuperait de notre rendez-vous avec la neurologue.

« Pardon docteur mais j'appréhende l'électro. Il faut rester calme pendant un long moment, se faire poser des électrodes sur la tête. Vous savez, Ruben ne supporte pas qu'on le touche et il ne restera jamais en place. En France, pour l'IRM, le médecin m'avait dit que nous étions obligés de lui donner un somnifère puissant ou de l'attacher et je suis contre ces deux solutions.

— Ne vous inquiétez pas. J'allais y venir. Il n'est pas question de donner un somnifère à Ruben ou de l'attacher, c'est monstrueux ! Avez-vous été visiter le mur des Lamentations ?

Je ne voyais pas bien le rapport.

— Lors de mes précédents voyages en Israël mais pas depuis notre arrivée.

— Eh bien, il va falloir vous armer de courage. Je prends rendez-vous jeudi matin à sept heures à Hadassa. La veille de ce rendez-vous, vous irez au mur des Lamentations à pied et vous vous promènerez jusqu'à six heures du matin. Puis vous irez à votre rendez-vous. Vous verrez, cela se passera très bien et Ruben dormira pendant l'examen.

J'étais abasourdie. Je trouvais cela curieux qu'un médecin nous propose ce genre de solution.

— Mais pourquoi le mur des Lamentations ?

— Ah, n'y voyez rien de spirituel, c'est juste parce que c'est très beau la nuit » me dit-il en riant.

L'entretien terminé, je rejoignis mon fils et mon époux qui étaient en séance avec Simha.

Lorsque je racontais la solution du Dr Gross à mon mari pour que Ruben puisse passer l'électro calmement, Cyril fut pris d'un fou rire.

« Tu vas voir, le pire, c'est que cela va marcher. Ils sont fous ces Israéliens… »

La séance avec Simha s'était très bien passée apparemment. Et ils avaient une surprise pour moi.

Simha s'approcha de Ruben.

« Dis à maman ce que c'est ? » dit-elle en lui montrant les pictos du « oui » et du « non ».

« Oui » dit-il en prenant le bon picto, « non » en prenant l'autre. « Merci ».

Puis il se tourna vers moi et se jeta dans mes bras, fier et heureux. Je l'embrassai tendrement.

Simha me raconta qu'il n'avait pas seulement réussi à mémoriser de nouveaux mots mais qu'il les avait associés à une action et à bon escient. Elle m'expliqua que nous devions la revoir à la fin de la matinée pour une deuxième séance.

« Vous m'avez dit que Ruben aime le fromage Babybel. Alors je suis allée au supermarché ce matin afin de trouver un fromage israélien qui ait le même goût. Nous travaillerons ainsi la mastication. À la fin de son séjour, je veux que Ruben puisse au moins goûter à nos hamburgers israéliens » dit-elle en riant.

En rejoignant la salle d'attente, j'appréhendais déjà la prochaine séance avec Simha. Je me fis engueuler gentiment par mon mari qui avait décrypté avec justesse mon expression.

« Arrête de stresser. Tu vas communiquer ton angoisse à Ruben.

— Oui, tu as raison mais tu sais qu'au moindre petit morceau, il s'étouffe. Tu te rappelles la fois où il avait volé un morceau de fromage dans l'assiette de sa sœur et que j'ai dû lui mettre la tête en bas pour le sauver ?

— Je m'en souviens mais Simha n'est pas folle, c'est une professionnelle, elle le fera manger progressivement. Et puis, fais-lui confiance, il a grandi. »

Durant les différentes séances de la matinée, Ruben nous montra un potentiel incroyable : les puzzles étaient réalisés en un temps record, les nouveaux jeux étaient assimilés rapidement et de nouvelles petites phrases apparaissaient.

La séance avec Judy, la psychomotricienne fut elle aussi époustouflante. Ruben avait enlevé lui-même ses chaussures pour se mettre sur la toupie géante. Puis il s'était dirigé naturellement vers le trampoline et ensuite vers le gros ballon, ayant retenu l'ordre des activités et tout ce que Judy avait instauré dans les séances précédentes.

Elle corsa l'exercice avec le gros ballon. Ruben devait rester sur le ventre avec la tête en bas et faire un puzzle en moins de deux minutes. Il adorait cela. Elle lui donna d'autres défis à réaliser dans cette position inconfortable et Ruben réussit à tout faire sans broncher. Au contraire, il était excité comme une puce et demandait de sa petite voix de canard : « Encore. »

Judy nous confirma qu'en quelques séances Ruben avait fait d'énormes progrès au niveau sensoriel et de sa coordination motrice : « Votre fils s'ouvre et s'épanouit. Il fait des pas de géant. »

Nous étions très fiers de lui. Il apprenait vite et le plus important, c'est qu'il semblait heureux de ce qu'il accomplissait. Il était de plus en plus souriant et ses manifestations d'amour à notre égard devenaient plus démonstratives.

La séance que je redoutais quelque peu arriva enfin.

Simha nous attendait dans la petite salle de travail. Elle avait posé sur la table plusieurs sortes de fromages qu'elle avait coupés en différentes tailles. Elle avait également apporté des petits *curly* israéliens qui fondaient très bien dans la bouche sans avoir besoin de mâcher. Mais c'était le genre de texture que Ruben détestait. Puis elle avait apporté des boissons avec un verre et des pailles.

Je trouvais que dans ce centre, les gens se donnaient du mal et s'investissaient davantage que les professionnels français que j'avais rencontrés. Son ancienne orthophoniste n'aurait jamais eu ce genre de démarche.

Simha lui expliqua la marche à suivre. Elle lui montra comment mâcher et avaler. Elle lui fit faire l'exercice à vide afin qu'il comprenne bien le mécanisme puis avec des morceaux de fromage de plus en plus gros. À chaque fois qu'il avalait, il me regardait comme pour se rassurer et je prenais sur moi pour ne pas avoir l'air inquiète. Et Simha passait son temps à nous rassurer tous les deux.

Ruben choisissait des morceaux de plus en plus gros. Ses yeux brillaient et il jouait à se faire peur. Mais tout se passait bien. Il semblait avoir compris le mécanisme de déglutition.

Elle essaya de lui faire goûter les petits *curly* mais Ruben les recracha. La texture semblait l'incommoder.

« Ne vous inquiétez pas, il a déjà beaucoup avancé. Nous réessaierons la prochaine fois. Tire-t-il la langue ?

— Non, Ruben ne tire pas la langue, ne se lave pas les dents sans qu'on l'y oblige et refuse que le médecin examine sa gorge. J'ai l'impression qu'il a un problème avec toute sa sphère orale.

— Alors on va essayer quelque chose. »

Elle avait apporté une brosse à dents et un miroir. Et elle lui demanda de mimer le brossage des dents, ce qu'il fit avec beaucoup d'entrain, amusé par son reflet dans la glace. Puis elle lui montra comment faire des grimaces et l'amena peu à peu à sortir sa langue et à s'amuser avec.

Ensuite, elle lui proposa de « faire des bêtises » et lui montra comment souffler et faire des bulles avec une paille dans un verre rempli d'eau. Et Ruben, qui jusque-là n'avait jamais voulu introduire une paille dans sa bouche, accepta de le faire pour la première fois. Il semblait émerveillé par les bulles qui l'éclaboussaient et lui chatouillaient le nez.

Simha termina la séance avec un appareil à bulles géantes. Ruben ne supportait pas le contact du savon et répugnait à l'utiliser mais en la voyant m'envoyer des bulles au visage, il finit par s'y mettre et m'inonda, en riant aux éclats.

Cette séance avait été très instructive et capitale pour la suite de ses progrès. Grâce au jeu et à son ingéniosité, Simha avait réussi à obliger Ruben à franchir ses barrières sensorielles et à découvrir le plaisir de mâcher, de faire des bulles et des grimaces. Le jeu semblait être une passerelle idéale pour amener Ruben à dépasser ses appréhensions et à progresser dans de nombreux domaines.

Avant de le quitter, elle lui offrit un mini-appareil à bulles et il l'embrassa en lui disant : « Merci Simha. »

Sur le chemin du retour, Ruben voulut s'arrêter au supermarché. Il se dirigea vers le fromage qu'il avait mangé lors de sa séance. Et à peine arrivé dans la chambre, il imita Simha afin de nous apprendre à son tour comment il fallait mâcher. Il mangea les deux paquets de fromage en se coupant lui-même de gros morceaux. Puis il s'amusa à faire des bulles et à embêter ses sœurs dans la chambre voisine.

Je le regardais avec tendresse. Il sautait partout comme s'il était monté sur ressorts. En deux semaines, ce n'était plus du tout le même enfant. Il était sorti de son isolement comme s'il découvrait enfin le monde et les gens qui l'entouraient.

Ses crises de frustration avaient diminué. Et maintenant lorsque Ruben se sentait fatigué, il faisait l'effort de nous le dire avec les quelques mots simples qu'il avait appris. Ses pleurnicheries et ses caprices ressemblaient de plus en plus à celles des autres enfants et de moins en moins à ces scènes violentes dont nous avions tellement peur et qui nous avaient contraints à réduire nos activités et nos sorties à Paris. C'est cela qui nous poussait aujourd'hui à faire plus de choses avec lui.

Et Israël était l'endroit idéal pour montrer à Ruben des choses très différentes les unes des autres. Ce tout petit pays réunissait une variété inouïe de paysages, les uns à quelques kilomètres des autres, nous permettant une multitude d'activités. D'une ville à l'autre, le décor changeait et l'on passait de la mer à la montagne, en passant par le désert. Nous pouvions faire une promenade à chameau dans la vieille ville de Jérusalem et nous retrouver en moins d'une heure sur la plage de Tel Aviv. Alors chaque après-midi, nous prenions un taxi afin de lui faire découvrir le plus de choses.

Nous avons visité le temple Bahaï à Haïfa, le Yardenit en Galilée où des chrétiens se faisaient baptiser, la mer Morte et la réserve naturelle d'Ein Geidi.

L'un de ces voyages nous avait conduits à Safed. Nous avions visité une synagogue, la tombe d'un grand kabbaliste et des ateliers d'artistes.

Ruben semblait être très touché par la peinture et j'arrivais à lire ses émotions sur son visage lorsqu'un tableau lui plaisait. Il nous montra un grand tableau avec un fils et son père et voulut être photographié devant.

Puis un commerçant lui offrit une petite flûte en bois ainsi qu'un parchemin avec son prénom, écrit en calligraphie hébraïque. Il nous dit que cela lui porterait bonheur. Il ajouta qu'il avait tout de suite remarqué la sensibilité de Ruben : « Votre fils a en lui une richesse peu commune pour un enfant de son âge. C'est très rare de voir un enfant s'arrêter et regarder des peintures et des sculptures avec autant d'attention, d'émotion et de profondeur. »

Il avait raison et c'était tout cela qui faisait de Ruben, un être complexe, particulier et terriblement touchant.

En retournant à Jérusalem, je l'observai dans le rétroviseur. Tous ces paysages aux couleurs chaudes et lumineuses semblaient le ravir. Il avait le nez collé à la fenêtre et souriait.

Ces haltes touristiques qui ponctuaient nos séances au centre étaient magiques. Nous partagions du temps en famille en profitant les uns des autres. Et nous discutions avec plein de gens différents, que ce soit avec des orthodoxes américains dans une synagogue, des Éthiopiens qui tressaient des mèches de couleur à Shenkin ou des Arabes israéliens qui nous vendaient de merveilleuses épices au marché de Jaffa.

Je me rendais compte à quel point nous nous étions refermés sur nous-mêmes, pendant ces deux dernières années. L'autisme, ou peu importe le nom du syndrome dont souffrait notre fils, ne l'avait pas seulement touché, lui. Il avait atteint toute notre famille.

Et pour la première fois depuis longtemps, nous nous remettions à faire des projets en imaginant un avenir heureux.

XX : Le jeu en partage

Dès notre arrivée au centre pour le début de cette troisième semaine, j'allais directement voir le Dr Gross pour lui parler de l'électroencéphalogramme que Ruben avait passé à l'hôpital Hadassa.

Je le remerciai tout d'abord pour son remède miracle, le surnommant « le magicien Gross ». En effet, après une nuit blanche surnaturelle et épuisante au mur des Lamentations, Ruben s'était endormi dès notre arrivée à l'hôpital. Et l'équipe médicale avait pu procéder à l'examen sans aucune difficulté.

Je lui montrai le compte rendu du médecin qui indiquait que Ruben n'avait pas de problème cérébral, l'EEC étant « négatif inclus ». Ce qui éliminait de fait le syndrome de type Landau-Klefner[10] qui aurait pu expliquer l'incapacité de notre fils à développer son langage.

10. Le syndrome Lanau-Klefner est un syndrome neurologique rare qui se développe chez l'enfant et qui s'exprime par une incapacité à développer le langage.

Le Dr Gross m'expliqua qu'à notre retour en France, il serait important de lui faire passer une IRM afin d'avoir un bilan médical complet mais qu'il n'y avait pas d'urgence.

Il m'indiqua également qu'il avait reçu les résultats de ses analyses de sang et que tout était normal, à part une grande carence en fer et en minéraux.

Puis il prit un ton solennel : « Madame Cattan, comme vous le savez, à la fin de cette troisième semaine, nous nous réunirons tous afin de vous donner les conclusions de l'évaluation de Ruben. Le professeur Feuerstein vous remettra son compte rendu lors d'un entretien vendredi matin. Nous avons beaucoup parlé de votre fils avec lui et je voudrais vous faire part de notre conversation. Le cas de Ruben ne nécessite pas que vous restiez au centre pendant un an. Mais je pense qu'il serait nécessaire de rester un mois de plus afin de consolider ses progrès. Réfléchissez-y et parlez-en avec votre mari. »

Je respirais enfin. Le cas de Ruben n'était donc pas aussi grave qu'on nous l'avait laissé entendre en France. Moi qui avais tellement eu peur de devoir tout quitter afin de rester ici sans ma famille, pendant un an, comme l'avaient fait d'autres mamans.

Je le remerciai rapidement et allai rejoindre Ruben qui avait déjà commencé sa séance avec Judy.

Cette nouvelle séance faisait l'objet d'une évaluation précise afin de voir si notre fils avait intégré tout ce que la médiatrice lui avait appris. Pendant qu'il s'exerçait, Judy m'expliqua que Ruben avait pris conscience de son corps et qu'il n'avait plus peur de se mettre sur le ventre ou en équilibre sur la toupie. Sa coordination motrice s'était nettement améliorée et il était capable d'attraper le ballon qu'on lui lançait et de le renvoyer plus rapidement et sans appréhension. Elle lui avait fait également travailler sa « motricité fine » à l'aide de pâte à modeler et de petites pinces afin de renforcer la tonicité de ses doigts. Elle me dit qu'il serait nécessaire de continuer ce travail précis avec une psychomotricienne en France pour que Ruben n'ait pas de difficulté lors de l'apprentissage de l'écriture au CP.

Pour terminer la séance, elle lui donna une feuille et des feutres ainsi qu'un modèle. Mais Ruben s'agaçait, il n'arrivait ni à tenir fermement ses crayons ni à reproduire le dessin. Elle m'expliqua qu'il se sentait en échec et que cela provoquait en lui une forme de frustration. Alors elle lui enleva le modèle afin de laisser libre cours à son imagination.

Ruben se contenta de faire des traits verticaux les uns à la suite des autres et un petit cercle avec deux points pour les yeux en nous disant : « Ça, c'est Ruben. » Je demandai alors à Judy pourquoi Ruben utilisait son prénom ou le « tu » pour parler de lui-même et jamais le « je ». Elle me répondit que c'était de cette façon dont les gens s'adressaient à lui et que Ruben se contentait pour l'instant de répéter ce qu'il entendait. Mais que le fait de se représenter sur un dessin était déjà une grande avancée.

Ruben remit ses chaussures tout seul et salua Judy en anglais puis il nous conduisit sans réfléchir à la salle d'attente, ayant mémorisé le chemin alors que moi je passais mon temps à me perdre dans le dédale de couloirs.

Pendant que nous attendions la deuxième séance de la matinée, le psychologue Yasuda Yasutoshi s'assit près de nous. Il ne parlait que japonais mais Uri, son assistant, fit les présentations et nous raconta son histoire.

Yasuda était considéré comme l'un des meilleurs joueurs mondiaux de go, un jeu de table venant de Chine et vieux de quatre mille ans. Après des études de psychologie, Yasuda avait créé sa propre méthode afin d'utiliser le jeu comme moyen de communication et de tolérance dans la société. Il avait aidé beaucoup d'enfants en difficulté dans les établissements scolaires ainsi que des adolescents ayant fait une tentative de suicide. Il avait travaillé également dans des maisons de retraite et auprès d'enfants handicapés. Depuis quelques années, il parcourait le monde afin de faire connaître cette méthode. Voilà pourquoi il était venu rencontrer le professeur Feuerstein : il trouvait que leurs méthodes étaient proches et qu'il serait intéressant d'échanger leurs expériences.

Uri me demanda la raison de notre venue et je lui présentai Ruben en expliquant les progrès qu'il avait faits en si peu de temps. Il me demanda si j'acceptais que Yasuda joue au jeu de go avec notre fils pendant quelques minutes, lors de la prochaine séance qui devait se dérouler avec Tracy, en présence du Dr Gross. Je lui répondis que je n'y voyais pas d'inconvénient.

Et comme convenu, les deux hommes nous rejoignirent à la séance de Tracy, quelques minutes plus tard.

Le psychologue s'assit en face de Ruben à la place de Tracy, se présenta à lui en japonais et le remercia de jouer comme il est d'usage. Puis il posa le jeu de go sur la table. Ce jeu ressemblait à un jeu de dames mais avec de grosses pierres noires et blanches.

Ruben regarda attentivement le psychologue japonais comme fasciné par la sonorité de cette nouvelle langue tout en inspectant les détails du jeu.

Yasuda indiqua la couleur des pierres avec laquelle Ruben devrait jouer et le but du jeu qui consistait à réussir à entourer les pierres de l'autre joueur. Puis la partie commença. Yasuda posa la première pierre, Ruben la deuxième et ainsi de suite pendant une quinzaine de minutes. Notre fils était attentif et concentré. Ni l'un ni l'autre ne parlait, pourtant leur dialogue se passait dans leurs regards et leurs sourires complices. Je ne savais pas si Ruben avait compris la règle du jeu mais ce qu'il faisait semblait satisfaire le psychologue. Le silence s'était installé autour d'eux.

Yasuda posa une autre pierre en disant le mot *Dozo*[11] et Ruben lui répondit de la même façon en posant la pierre à son tour. Tout le monde se mit à rire.

Ce qui arrêta le jeu.

Yasuda félicita Ruben qui semblait ravi, en prenant chaleureusement ses mains dans les siennes.

Uri nous traduisit ce que voulait nous dire le psychologue : « Ruben a fait un très bon début de jeu. Il était concentré et dans une entière communication avec moi. Il n'y avait aucune barrière à notre échange, même si nous ne parlons pas la même langue. Le jeu nous a permis de nous écouter, l'un l'autre. Nous avons pu échanger par le geste, l'expression, le sourire, le regard. Votre fils est jeune pour jouer au go mais il a réussi à se contenir et maintenir son attention. Et pendant ces quelques minutes, nous avons établi notre propre code afin de dialoguer. Il a su imiter mon geste et essayé d'utiliser ma langue pour approfondir le contact avec moi. Votre fils aime communiquer, aller vers l'autre, partager et il ne semble pas présenter de troubles de communication. »

Ce que nous disait ce psychologue confirmait ce que nous avions vu au cours de ces trois semaines : Ruben ne voulait pas rester dans son monde. Au contraire, il cherchait à s'en échapper. Les regards et les sourires qu'il adressait aux gens ; les cris et les crises qu'il faisait étaient pour l'instant son seul

11 *Dozo* : mot japonais qui signifie « voilà ».

moyen d’entrer en contact avec notre monde et de nous faire comprendre ce qu’il ressentait.

Mais il avait en lui la volonté d’aller vers l’autre pour communiquer, ce qui ne correspondait en rien à l’autisme.

XXI : La ronde du bonheur

Cette troisième semaine était passée à une vitesse folle. Nous étions déjà jeudi. Nous devions voir la neurologue en fin de journée et demain c'était le grand jour, celui des conclusions de cette évaluation continue.

Je passai toute la matinée à noter le maximum d'informations sur mon carnet afin de pouvoir continuer à appliquer la méthode, une fois rentrée à la maison. Nous avions décidé de ne pas rester un mois de plus afin de repartir tous ensemble en France. Les filles devaient reprendre l'école et nous, le cours de nos vies. Je demandais aux médiatrices de me donner un maximum d'outils afin d'aider au mieux Ruben, et Simha nota son téléphone personnel, me disant de ne pas hésiter à l'appeler en cas de problème.

Nous retournâmes dans la salle d'attente afin de dire au revoir à Grégory et à sa maman, qui repartaient aujourd'hui en Afrique du sud. Je m'assis près d'eux afin de discuter un peu et d'échanger nos coordonnées. Grégory accepta même que je lui fasse un bisou sur les cheveux, ce qui était une belle victoire. Pendant ces quelques semaines, j'avais réussi à établir une communication avec lui et à capter son regard, qui était beau et profond. Il n'avait plus ce geste de recul lorsque je tentais de poser ma main sur la sienne ou de m'approcher de lui.

La petite fille trisomique était là aussi avec son papa. Il y avait cet autre petit garçon israélien qui poussait parfois des cris stridents de façon soudaine et une petite fille de 10 ans qui marchait avec difficulté.

Ruben s'était assis à côté de son père et dévisageait tout le monde.

Puis il se leva pour aller prendre la main de la petite fille. Elle se mit debout en traînant un peu les pieds et le suivit. Il se dirigea vers l'autre petit garçon et la petite fille trisomique et fit de même. Puis il se mit à tourner les entraînant dans une ronde. Les enfants riaient, en tournant de plus en plus vite.

Le Dr Gross qui passait dans le couloir appela Tracy et ils restèrent là à les regarder, émerveillés par ce spectacle.

Je crois que je n'avais jamais rien vu d'aussi beau, d'aussi fort. Je n'arriverais jamais à traduire avec des mots ce que nous, parents, nous avons ressenti à ce moment-là. Devant nos yeux, il n'y avait pas d'enfants handicapés, juste des petits anges qui riaient aux éclats. Il n'y avait plus de larmes, plus de souffrance. Il y avait juste le bonheur de voir nos enfants ensemble et heureux. C'était un moment magique et dans ce centre, des moments comme celui-là, il y en avait eu quelques-uns.

C'était étrange, Ruben n'avait jamais réussi à entrer en contact et à jouer avec des enfants de son âge et là, cela s'était fait naturellement. C'était comme si leur handicap les avait rapprochés, tissant un lien invisible entre eux.

Après cette danse, ils s'amusèrent ensemble avec des personnages que Ruben avait apportés, en communiquant avec des gestes.

Je me souvins alors de ce premier jour lorsque j'étais arrivée dans la salle d'attente, ayant peur de regarder ces enfants différents parce qu'ils me faisaient tant de peine. De l'eau avait coulé sous les ponts depuis. À force de les côtoyer au quotidien, mon regard avait changé. Leur handicap ne faisait pas d'eux ce qu'ils étaient. Ils étaient des êtres comme les autres avec des personnalités, des sensibilités et des caractères différents.

Il y avait Grégory qui aimait la peinture et le rock. Il était parfois mal luné et d'autres fois très souriant mais comme n'importe quel autre enfant. Il raffolait de ces petites salades de fruits que sa mère lui préparait.

Il y avait, derrière ses petites lunettes toutes rondes, cette petite fille trisomique que l'on devinait timide mais curieuse de tout, et qui recoiffait avec coquetterie ses cheveux lorsqu'on venait lui parler. Elle aimait les poupées comme toutes les autres filles de son âge et les glaces au chocolat de la cafétéria.

Il y avait aussi Bruno ce jeune français de 20 ans, venu de France avec sa maman, qui était au centre depuis plusieurs années et qui venait nous dire bonjour, chaque jour, plusieurs fois dans la matinée, fier de connaître le prénom de chacun. Il insistait toujours afin de nous faire partager son repas. Évidemment, il nous saluait trois fois dans la même matinée mais quelle importance ? Ce qui était fondamental, c'est que ce garçon avait envie de communiquer avec nous.

Rencontrer chacun d'entre eux m'avait enrichi intérieurement. Ils ne connaissaient ni la méchanceté ni la superficialité. Ils étaient des caisses de résonance de tant d'émotions, de sincérité et de générosité. Et ils démontraient chaque jour tant de ténacité à progresser que lorsqu'une séance ne se passait pas bien, il me suffisait de les regarder pour relativiser et reprendre des forces.

Voilà tout ce que m'avait appris ce centre, à ne jamais baisser les bras, à traverser les frontières et à aller vers l'autre pour découvrir qui il est, ce qu'il ressent et ce que nous avons à partager ensemble.

Et je savais que cette leçon de vie m'avait changée à jamais.

XXII : « C'est à vous de jouer ! »

Nous nous étions levés très tôt ce matin-là. C'était le jour J. Je savais que tous les médiateurs devaient se réunir très tôt au domicile du professeur, avec tous les examens effectués, afin de faire le point.

La visite chez la neurologue, la veille avait été importante. Elle ne pensait pas que Ruben soit autiste à proprement parler. Sa volonté de communiquer, sa capacité à imiter et à faire tant de progrès en si peu de temps n'allait pas dans ce sens. Ruben présentait « des troubles du développement accompagnés de troubles sensoriels », selon elle. Il avait quelques manies que l'on aurait pu attribuer à l'autisme comme ses jeux répétitifs, ses crises de violence, sa difficulté à regarder dans les yeux les autres enfants et à entrer en contact avec eux. Mais il était trop tôt pour tirer des conclusions définitives. Elle nous avait expliqué qu'en mettant Ruben à l'école, certains troubles disparaîtraient.

« Votre fils est encore jeune, nous avait-elle dit. Continuez la méthode puisqu'elle a fonctionné et faites le point avec un spécialiste dans un an. »

Dès notre arrivée au centre, je donnai ce compte rendu à Jacqueline afin qu'elle le joigne au dossier. Elle m'annonça qu'elle viendrait nous chercher en fin de matinée pour notre rendez-vous avec toute l'équipe et le professeur Feuerstein.

Lorsque je me retournai, je me retrouvai nez à nez avec la psychologue que j'avais fuie durant ces trois semaines. Elle prenait toute la largeur de l'embrasure de la porte et me regardait d'un air mécontent. J'avais non seulement raté notre rendez-vous mais j'avais aussi oublié de l'annuler et de m'excuser après.

Je la suivis dans le couloir, fuyant le Dr Gross qui venait d'arriver et qui s'était mis à rire, connaissant mon aversion pour les psys. Elle baragouina que « ce n'était pas sérieux » et que « nous devions absolument aller à notre consultation psychologique ». Elle me proposa de passer à son bureau avec mon mari, lors de notre prochaine pause de trente minutes et, bon gré, mal gré, je me sentis obligé d'accepter et d'y aller.

Elle nous posa les quelques questions habituelles sur notre passé, notre couple, nos enfants. Je répondis souvent à côté, ne comprenant pas toujours son anglais. Ce qui avait l'air de l'agacer. Puis je résumais les réponses de mon mari, en écourtant au maximum cette conversation que je jugeais « déjà entendue » et inutile.

Elle était bourrue mais finalement pas aussi antipathique que je l'avais imaginé. Avant de nous laisser partir, elle nous conseilla de nous occuper davantage de nous : « Vous savez, vous vous êtes beaucoup investis et vous avez mis toutes vos forces pour aider votre petit garçon. Mais lors de votre retour en France, maintenant que Ruben avance, rééquilibrez tout ça et occupez-vous de votre bien-être, de votre couple, de vos filles et de ce qu'elles ressentent face à cette situation et à ce voyage. »

Mon mari sortit agacé par ce rendez-vous qu'il considérait comme une perte de temps pour Ruben.

J'étais d'accord avec lui sur un point, cet entretien n'avait rien apporté à notre fils. Mais je trouvais que c'était peut-être le bon moment de nous rappeler qu'il était important pour Ruben que nous allions tous bien pour qu'il ne ressente pas nos angoisses, notre mal-être ou nos frustrations. Et je me fis la promesse, qu'à notre retour, il nous faudrait consacrer plus de temps aux filles afin qu'elles puissent nous faire part de leurs ressentis. J'étais malheureusement bien placée pour connaître les dommages collatéraux que pouvait provoquer le handicap d'un enfant sur le reste de la fratrie et mesurer l'importance de l'écoute qu'il fallait accorder aux frères et sœurs afin que le handicap ne pèse pas sur leurs épaules le reste de leurs vies.

Jacqueline vint nous chercher, c'était le moment que nous attendions.

Simha, le Dr Gross et Reuven Feuerstein nous attendaient assis derrière le grand bureau.

Reuven prit la parole en premier : « Monsieur et Madame Cattan, asseyez-vous, je vous en prie. Pendant ces trois semaines, Ruben a fait des progrès immenses. Nous avons pu observer son potentiel de modifiabilité cognitive. Il a établi un contact avec les thérapeutes, exprimé son affection. Il a amélioré sa coordination et sa motricité. Même si sa motricité fine reste à travailler. Il a réussi à parler et à faire des phrases. Il est passé de cinq mots à trois cent cinquante mots en trois semaines, c'est beaucoup. Il faut continuer à le stimuler et à lui parler tout le temps. Il a appris à structurer ses activités et à suivre des règles. Il est capable de travailler en étant concentré quarante-cinq minutes à table et de se contrôler lorsqu'il est fatigué. Il arrive de nouveau à dormir. Il sait mâcher, même si son alimentation reste restreinte. Là aussi, votre rôle est essentiel, vous devez l'emmener au marché, lui dire le nom de chaque chose, lui faire sentir et goûter des fruits, des choses épicées. Faites-lui faire la liste des courses. Investissez-le de choses à faire. Au niveau de ses activités ludiques, il a appris à faire des puzzles, des jeux de société. Et surtout, il commence à jouer en se servant de son imagination. Mais tout ça vous le savez et je sais que vous êtes impatiente d'entendre notre diagnostic. Pour nous, Ruben n'est pas autiste. Mais nous n'avons pas tous la même définition de l'autisme ni les mêmes critères. Pour certains thérapeutes français, votre fils sera autiste. Mais ne vous arrêtez pas à ce mot. L'important c'est d'utiliser la bonne méthode pour le faire avancer. Pour l'ensemble de nos médiateurs, Ruben présente des troubles du développement associés à des troubles de l'intégration sensorielle. Votre fils s'est développé de façon disharmonieuse mais il rattrapera son retard, soyez-en sûre, si vous appliquez tout ce que nous avons fait ici et que vous le mettez à l'école. Ruben est dans l'imitation. Il imitera ses camarades. Voilà pourquoi il est important pour lui de suivre une scolarisation dans une classe dite "normale" parce qu'il est capable d'imiter le meilleur comme le pire. Madame Cattan, nous vous avons montré comment devenir cette médiatrice, cette interprète qui fait le lien entre lui et le monde extérieur. Nous vous avons expliqué les mécanismes cachés de son cerveau et donné le mode d'emploi de votre fils, le chemin qu'il faut emprunter pour l'atteindre. Maintenant, c'est à vous de jouer ! »

Le professeur me donna une longue lettre afin d'expliquer l'importance pour Ruben d'être intégré dans un établissement scolaire. Tous les médiateurs vinrent nous embrasser. J'avais apporté une bouteille de champagne afin d'égayer ce départ. Et j'éprouvais beaucoup de peine en les quittant. Tous ces thérapeutes, Jacqueline, le Dr Gross, le professeur m'avaient donné tellement d'affection, de soutien et d'espoir. Ils nous avaient surtout redonné le goût de la vie, nous indiquant le chemin à suivre.

Je me disais que la vie était étrange. J'avais eu de la peine en quittant la France pour Israël et aujourd'hui j'avais le cœur serré, rien qu'à l'idée de rentrer.

Et lorsque deux jours après, l'avion se posa sur l'aéroport Charles de Gaulle, je me mis à pleurer. Parce que je savais qu'ici, rien ne serait facile.

Mon mari reprendrait le travail, Laura et Shana l'école, et tout reposerait sur moi, sur moi seule. Et cette responsabilité d'être à la fois mère et médiatrice serait difficile à porter. Je devrais probablement arrêter toutes mes activités professionnelles et m'investir beaucoup moins pour mon association. Mais j'étais prête à tout sacrifier pour mon fils.

Prête à tout lui donner même s'il fallait que je renonce à ma propre vie. Mais n'y avais-je pas déjà renoncé ?

XXIII : Le parcours du combattant. Acte III

Dès le lundi matin, je commençai les démarches.

Je pris rendez-vous avec le médecin que m'avait conseillé mon pédiatre afin de faire effectuer les tests génétiques. Puis j'appelai la mairie afin d'inscrire Ruben à l'école publique. Il fallait que je prenne rendez-vous avec un pédopsychiatre afin d'obtenir un nouveau certificat médical à joindre au dossier de la MDPH, que nous avions déjà envoyé avant de partir en Israël.

Mais qui aller voir ?

Je n'étais pas pressée de revoir le petit bonhomme coincé.

Un blog tenu par des parents d'enfants autistes parlait d'une certaine Déborah Cohen qui était, paraît-il, très compétente. Je lui téléphonai mais elle était débordée et il fallait attendre au moins deux mois afin d'obtenir un premier rendez-vous. Nous finîmes par la voir un peu plus tôt que prévu. Elle était souriante et à l'écoute. Elle examina Ruben, lut les différents comptes rendus et fit le même diagnostic que le professeur Feuerstein. Puis elle nous donna la lettre à envoyer à la MDPH. Elle ne nous donna aucune solution concernant l'hyperactivité de Ruben et nous expliqua que son agitation était peut-être due à un manque de sommeil. Et qu'il serait intéressant d'essayer de lui donner de la mélatonine[12] afin de réguler tout ça. Mais je refusai, ayant lu que la mélatonine donnait le cancer. Et elle me conseilla d'essayer les sirops homéopathiques. En nous raccompagnant, elle nous alerta sur les délais de réponse de la MDPH et nous conseilla de nous armer de patience.

Une fois ce papier envoyé, l'objectif était d'essayer de reformer l'équipe que nous avions au centre Feuerstein, quitte à courir dans tout Paris, toute la journée. Il me fallait une orthophoniste, une psychomotricienne et une psychologue comportementaliste. Je notai les différents noms d'orthophonistes cités sur les blogs, appelai quelques amis pour savoir s'ils connaissaient quelqu'un de compétent et cherchai dans mon quartier. Je fis de même pour les autres thérapeutes.

Je tombais sur des orthophonistes rigides qui ne connaissaient pas la méthode Feuerstein et qui ne voulaient pas la connaître. Certaines ne voulaient même pas que j'assiste à la première séance. Alors je collais mon oreille derrière la porte pour écouter la façon dont elles le faisaient travailler. Elles lui donnaient des jeux de bébé, ne lui parlaient presque pas et s'affolaient lorsque Ruben s'impatientait. Au bout de deux séances chacune, je cherchais quelqu'un d'autre. Je savais aujourd'hui ce dont Ruben avait besoin pour progresser et il était hors de question que je perde davantage de temps.

Simha m'avait dit que les orthophonistes étaient toutes formées de la même façon mais que l'important était de trouver

12. La mélatonine, souvent dénommée hormone du sommeil, est surtout connue comme étant l'hormone centrale de régulation des rythmes chronobiologiques en étant synthétisée surtout la nuit.

quelqu'un d'énergique, qui aime son métier et qui s'investisse. Un ami de mon mari nous parla d'une orthophoniste qui avait sauvé leur fils. Ce petit garçon qui parlait avec difficulté à 5 ans avait rattrapé son retard en une année de séances et avait réussi son entrée en CP. Elle était à l'autre bout de Paris mais nous y allâmes quand même afin de la rencontrer.

Elle connaissait la méthode Feuerstein mais ne la pratiquait pas. Elle accepta, sans grand enthousiasme, que j'assiste à la première séance et je fus convaincue de sa compétence. C'était à la fois une pure séance d'orthophonie où elle lui faisait répéter des syllabes mais aussi un travail de compréhension à l'aide d'images ou de petites histoires. Suzanne pouvait se montrer douce comme directive et c'est exactement ce qu'il fallait à Ruben, quelqu'un qui le rassure mais qui le cadre à chaque débordement.

Pour les psychomotriciennes, ce fut un véritable parcours du combattant. Il y eut cette drôle de thérapeute qu'une maman m'avait conseillée et que je trouvais quelque peu dangereuse. Elle était psychomotricienne, mais manipulait le crâne et les cervicales des enfants sans diplôme de kinésithérapeute ou d'ostéopathe. Je lui dis immédiatement que je ne voulais pas qu'elle le manipule. Alors elle prit un air contrarié et me parla longuement de toutes les formations qu'elle avait suivies, dont la méthode brésilienne Padovan[13]. Elle avait fait brûler de l'encens, installé un fauteuil hamac dans son cabinet et elle balança Ruben dans cette drôle de balançoire pendant

13. Méthode Padovan : méthode brésilienne de réorganisation neuro-fonctionnelle créée par l'orthophoniste Beatriz Padovan dans les années 1970.

quelques minutes, m'expliquant qu'ainsi il se rappellerait la période où il n'était qu'un fœtus dans mon ventre.

« Il faut, me dit-elle, qu'il retrouve sa position initiale pour refaire les étapes de développement qu'il n'a pas bien assimilées. Après, je le ferais marcher à quatre pattes et je l'inciterais à mettre des jouets à la bouche comme le font les bébés afin que le stade oral soit respecté. »

Je trouvais cela, personnellement, totalement loufoque. Mais il fallait essayer. En tout cas Ruben semblait aimer le balancement du hamac, alors je le laissais apprécier ce moment. Et je me contentais de hocher la tête à chaque fois qu'elle me parlait.

Mais lorsqu'elle demanda à mon fils d'ouvrir la bouche et qu'elle dégaina un petit instrument de sa poche en essayant brutalement d'attraper sa langue, là, je dis stop. J'en avais assez vu.

Je passai à une autre psychomotricienne qui réussissait à bien détendre Ruben, en se servant de balles à picots avec lesquelles elle lui massait la tête et la colonne vertébrale. Elle disait travailler sur tout ce qui était sensoriel. Elle n'était pas très énergique et travaillait dans une pièce très sombre. Ces séances n'avaient rien à voir avec celles de Judy mais, faute de mieux, je continuai quelques mois.

Mais ces séances n'évoluaient pas et les exercices étaient toujours les mêmes. Elle ne lui faisait même pas travailler la motricité fine ou sa coordination motrice, alors qu'il en avait grandement besoin. Et puis, en fin de séance, elle partait toujours dans un délire psychanalytique, lui expliquant que s'il n'allait toujours pas aux toilettes comme les grands pour la grosse commission, c'était parce qu'il avait peur de perdre une partie de lui-même.

Elle essaya de me persuader que la meilleure chose à faire était de le mettre dans un institut spécialisé, m'expliquant que l'école n'était pas faite pour lui. Curieusement, elle travaillait dans cette institution et rien que leur site Internet me donna des frissons. Je mis fin à ces séances.

La suivante n'était pas mieux. Elle avait rêvé, je crois, d'être psychanalyste et comédienne mais le problème c'est qu'elle était psychomotricienne. Et cette première séance fut faite de tirades classiques qu'elle déclamait et de questions qu'elle me posait sur mon couple et toute la liste habituelle. Pour clore la séance, elle s'assit par terre en demandant à Ruben de faire pareil. Elle lui donna un tambourin et se mit à jouer de la flûte, en appelant cela « l'instant musical ». Évidemment, ce fut la première et la dernière séance avec elle.

Enfin, je trouvai quelqu'un d'autre qui lui fit travailler la motricité fine à l'aide de pinces à linge pour muscler ses doigts. Ce qui fut très efficace. Elle lui apprenait à écrire, à dessiner, à découper avec des ciseaux, à faire des personnages à l'aide de pâte à modeler afin de le préparer à la maternelle.

Il ne me restait plus qu'à trouver des psychologues comportementalistes pour recréer la même équipe que nous avions au centre Feuerstein.

Cela faisait plusieurs mois que nous attendions une réponse de la MDPH mais rien n'avait bougé de ce côté-là. Alors nous devions continuer à faire avancer la situation de Ruben par nous-mêmes.

Les auditions commencèrent donc pour les psychologues comportementalistes et je dois dire que ce fut parfois aussi drôle que « les inoubliables » de la *Nouvelle Star*.

Il y eut celles qui étaient psychologues au téléphone mais qui ne l'étaient plus en arrivant à la maison ; celles qui étaient étudiantes en psychologie mais en pleine déprime et qui voulaient travailler avec des enfants handicapés en espérant trouver une stabilité ; il y eut celles qui nous demandèrent le salaire qu'elles toucheraient sans même dire bonjour à Ruben. Puis il y eut une jeune femme ne parlant qu'espagnol…

Et au bout de tout ça, il y eut enfin une véritable psychologue, formée ABA[14]. Elle connaissait la remédiation cognitive et elle avait de l'expérience. Elle était prête à faire quelques séances à domicile.

Magdalena, que Ruben avait rebaptisée « Fraise Tagada », était directive, plus exactement rigide et aussi chaleureuse qu'un congélateur, s'adressant à lui comme un robot l'aurait fait. Mais avec le défilé que nous avions eu dans notre salon, je me disais que c'était déjà formidable de trouver quelqu'un de moins incompétent que les autres en fin d'année scolaire.

Au bout de trois mois de recherches infructueuses, il fallait bien admettre qu'il nous serait impossible de recréer une équipe comme celle du centre.

Je me demandais bien pourquoi, alors que la France était la quatrième puissance du monde, nous n'arrivions pas à trouver des professionnels compétents pour soigner le trouble de notre fils, peu importe son nom !

Sur certains blogs, des parents d'enfants TED expliquaient qu'ils avaient été obligés de s'organiser entre eux, qu'ils avaient dû créer leurs propres outils méthodologiques, qu'ils avaient ouvert leurs propres structures et qu'ils partaient sans cesse à l'étranger afin de se former aux méthodes comportementales. Pendant que d'autres s'exilaient en Belgique ou en Suisse.

---

14. ABA (*Applied Behavior Analysis*) : méthode comportementale destinée à favoriser le développement, créée en 1960 par le psychologue Ole Ivar Lovaas.

Alors je passais comme eux mon temps sur la Toile à commander du matériel que j'avais trouvé sur un site d'orthophoniste et sur un site pour enfants TED. J'achetais des pictogrammes qui me permettaient d'apprendre à Ruben comment construire des phrases. Des fiches avec tous les noms des animaux, des légumes, des fruits et de tous les ingrédients que vous trouvez dans une cuisine. Je piquais des astuces de parents que je glanais ici et là.

Je récoltais aussi beaucoup d'informations sur les sites québécois. Le Canada était beaucoup plus en avance que la France dans sa vision et la prise en charge du handicap ; les enfants étaient intégrés à l'école, suivis par des auxiliaires de vie scolaire ainsi que des psychologues, formés aux méthodes comportementales. Ils faisaient du sport ; ils étaient initiés à la peinture et à la musique. Et concernant l'intégration sensorielle, cela faisait des années que des thérapeutes travaillaient sur différentes techniques.

J'avais aussi ramené des livres sur la méthode Feuerstein et commandé des ouvrages sur toutes les différentes méthodes comportementales : ABA, TEACCH[15], Son Rise[16], PECS[17]... Et je réalisais des fiches sur chacune d'elles.

---

15. TEACCH (*Treatment and Education of Autistic and related Communication handicapped Children*) : méthode développementale et comportementale, crée en 1966 par le docteur Eric Schopler.

16. Son Rise : méthode américaine qui utilise le jeu et qui utilise les parents comme médiateurs. Créée par Samahria Lyte Kaufman et son mari dans les années 1970.

17. PECS (*Picture Exchange Communication System*) : système de communication qui utilise un support visuel afin de développer le langage. Cette méthode a été créée dans les années 1980 par le psychologue Andy Bondy et l'orthophoniste Lori Frost.

Après avoir passé des tonnes de nuits blanches à lire tout ça, je commençai par fabriquer un calendrier de la semaine pour que Ruben puisse se repérer dans le temps, du petit déjeuner au dîner ; je créai son propre programme adapté à ses besoins et à ses manques, jour après jour, semaine après semaine, mois après mois, lui fixant des objectifs. Par exemple, en un mois, il devrait connaître le nom des animaux de la ferme, des fruits et des légumes principaux et de tout ce qu'il mangeait. Il devrait savoir le nom des astres et des saisons, savoir faire la différence entre le chaud et le froid, la pluie, la neige et le vent.

J'avais détaillé chaque pièce de la maison afin de lui apprendre le nom de tout ce qui s'y trouvait. Je lui faisais faire la liste des courses et l'emmenais au marché et au supermarché. Nous pouvions passer une heure à reconnaître les produits, à nommer les légumes et les fruits. Je lui parlais des différents métiers, de la boulangère à la pharmacienne et le prenais avec moi à chaque fois que je me rendais dans ces commerces. Je lui apprenais à nommer les parties de son corps, à faire seul sa toilette, à s'habiller et à être autonome. Chaque soir je lui proposais deux plats très différents afin qu'il découvre toutes les saveurs et qu'il affirme ses préférences.

Enfin, je lui parlais de ses émotions qu'il ne savait toujours pas identifier et nommer. Pour cela, je lui achetais des pictogrammes avec les différentes expressions et lui faisais interpréter chacune d'elle.

Après le programme éducatif, je passais à la seconde étape.

Lui créer son propre lieu : sa salle de travail et de jeux.

Nous habitions un petit appartement et mes deux filles partageaient déjà leur chambre. Alors je sacrifiai la nôtre, déménageai notre lit dans la salle à manger, sous l'œil ahuri de mon mari.

J'aménageai la nouvelle chambre de Ruben en structurant le plus clairement possible son espace avec un bureau de travail, une armoire avec tout son matériel éducatif et ses jeux, et un lit. Je collai sur les murs un panneau avec des chiffres, un autre avec des lettres, un autre avec le nom des animaux pour qu'il retienne visuellement la photo de l'animal et la façon dont il fallait l'écrire.

Pour terminer, je scotchai certains pictogrammes directement sur les objets importants de la maison afin que Ruben puisse faire le lien.

Le plus ridicule dans ce programme fut sans nul doute cette série de photos que je pris de moi en train de me brosser les dents, de me laver les cheveux, de prendre une douche ou de faire les courses. Je n'avais pas trouvé de pictogrammes pour les « verbes d'action » et ce fut la seule solution que je trouvai. Mon mari et les filles se tordaient de rire à chaque fois qu'une nouvelle photo de moi apparaissait sur le mur. Malgré leurs moqueries, je persistai et cette méthode fonctionna, même si je perdis au passage un peu de mon amour-propre. Cela faisait aussi tellement rire Ruben qu'il finit par me prendre lui-même en photo, tout en mémorisant les verbes. Apprendre par le jeu se révélait très efficace.

C'est ainsi qu'en six mois de stimulation, à raison de trois heures de travail à table et de travail plus informel dans la journée, Ruben avait réussi à acquérir plus de deux mille mots et une cinquantaine de phrases. Il connaissait l'alphabet et savait compter jusqu'à cent. Il mangeait de tout et était devenu plus autonome.

Même si je m'occupais énormément de mon fils, je passais beaucoup de temps avec mes filles. J'étais à leur écoute, je les aidais à faire les devoirs difficiles, je leur organisais des sorties au concert ou au théâtre. Après le voyage en Israël, nous avions énormément parlé toutes les trois. Elles avaient compris l'importance du rôle que chacun d'entre nous avait à jouer tout en ayant des réactions très différentes face aux particularités de leur frère. L'aînée me dit qu'elle se sentait angoissée parfois, pensant à l'après, une fois que nous serions partis vers d'autres cieux et de la responsabilité qui lui incomberait. Alors que Shana me confia qu'elle ne s'en faisait pas pour lui, qu'elle savait qu'il s'en sortirait. Elle m'expliqua que depuis la naissance de son frère, elle l'avait considéré comme son égal et qu'elle ne s'attachait pas à ses différences. Voilà pourquoi parfois elle se montrait dure avec lui, parce qu'il n'était pas question qu'elle cède à ses caprices dus à ses troubles. Bien sûr, il arrivait que ces scènes lui soient insupportables lorsqu'elle devait travailler ses cours ou qu'elle recevait une amie, mais elle aimait tendrement son frère. Et c'était une fille volontaire qui allait de l'avant et elle se sentait prête à l'aider pour l'entraîner avec elle. Je savais que ces moments de discussion et d'échanges leur étaient essentiels, alors j'essayais de contenter tout le monde.

Quant à moi, devenue « une mère à tout faire », je payais un peu plus chaque jour le prix de ces efforts sur ma santé qui devenait de plus en plus défaillante. Mais les progrès quotidiens de Ruben me faisaient tenir bon. Et un soir, en travaillant avec mon fils sur les émotions, la plus belle chose qu'il fit, sans que je lui apprenne, fut de me dire « maman je t'aime », en passant ses bras autour de mon cou.

Ce moment-là fut la plus précieuse récompense qu'on ne m'ait jamais offerte.

XXIV : « L'École, un droit fondamental »

« Il ne peut y avoir ni vraie liberté ni justice dans une société si l'égalité n'est pas réelle. »
CONDORCET

L'intégration de Ruben à l'école avait été un point majeur sur lequel le professeur Feuerstein avait insisté.

Il m'avait mis en garde sur les CLIS[18] ou les instituts médico-sociaux qui n'étaient pas du tout adaptés à son cas. Le risque étant de le voir régresser. Il fallait, selon lui, l'intégrer à un milieu scolaire ordinaire, accompagné d'une auxiliaire de vie scolaire, tant qu'il en aurait besoin.

Ruben devait être confronté aux enfants de son âge pour pouvoir les imiter, échanger et jouer avec eux. Il était aussi très important qu'il suive les premiers apprentissages qui le prépareront au CP, qu'il se confronte aux règles sociales et à l'autorité d'une maîtresse.

J'avais envie qu'il connaisse aussi le plaisir de jouer aux billes dans la cour et tout simplement le bonheur de se faire des amis.

18. CLIS : scolarisation collective en classe pour l'inclusion scolaire.

Je voulais qu'il devienne un écolier comme les autres, ayant accès aux connaissances et aux activités des enfants de son âge.

Et il en avait le droit grâce à la loi pour l'égalité des droits et des chances du 11 février 2005, qui permettait aux personnes handicapées d'avoir, entre autres choses, l'accès à « une scolarisation en milieu ordinaire au plus près de son domicile, à un parcours scolaire continu et adapté ». Une loi qui avait été promulguée sous le gouvernement Raffarin, poussée par la volonté du président Chirac.

Il n'y avait donc aucune raison que Ruben ne puisse pas faire sa rentrée en septembre prochain comme tous les autres enfants de son âge.

Malgré ce droit, je n'avais toujours pas de réponse de la MDPH et je commençais sérieusement à m'impatienter.

J'avais l'impression de piétiner et de tourner en rond : Ruben était inscrit à l'école mais ne pouvait pas y aller sans auxiliaire de vie scolaire. Pour en avoir une, il fallait une réponse de la MDPH. Puis une fois que l'inspectrice serait saisie, elle nous réunirait avec l'enseignante référente, la directrice, la maîtresse, un psychologue, le médecin scolaire afin d'établir un PPS[19]. Ce document accepté par tous repartirait en commission pour validation.

Et c'est seulement après qu'ils lanceraient les recherches d'une auxiliaire de vie scolaire. Et je savais, pour avoir lu beaucoup de choses à ce sujet, qu'il y avait très peu d'AVS et qu'en plus, pour la plupart, elles n'étaient pas formées !

Malgré tout, j'appelais la MDPH tous les jours. Ils refusaient de me passer la personne qui s'occupait de notre dossier. Et la standardiste avec la même voix monocorde me répondait « quel

19. PPS : projet personnalisé de scolarisation.

est son numéro ? », puis elle m'assurait que c'était « en cours » et que le dossier de mon fils « allait passer en commission ».

Je ne supportais plus cette situation. Ruben était isolé et même s'il faisait des progrès grâce au programme que j'avais mis en place, cela ne remplacerait jamais l'école et le contact avec les autres enfants. Et je me disais qu'avant la rentrée de septembre à l'école publique, il aurait été bien que Ruben passe quelques semaines dans une école privée, quitte à trouver une AVS que nous engagerions nous-mêmes.

Je contactai donc plusieurs établissements privés. Les écoles Montessori ou autres cours privés refusaient la présence d'une accompagnante.

Je me déplaçai alors dans une école renommée qui m'avait accordé un entretien et la directrice me fit comprendre, avec beaucoup de délicatesse, que c'était une « école d'excellence » et qu'elle ne pouvait pas se permettre d'accueillir des enfants qui feraient « chuter le niveau ». Je lui parlai de discrimination, de droit à l'éducation mais elle me répondit qu'en privé, ils faisaient ce qu'ils voulaient !

Il me restait donc les écoles confessionnelles.

Les écoles catholiques, près de chez moi, affichaient complet, seule une école juive m'accorda un entretien. Je ne leur expliquai pas au téléphone que mon fils était « différent » en me disant qu'en le voyant, ils constateraient bien que Ruben n'avait pas un handicap lourd et qu'ils n'auraient aucun problème à l'intégrer.

Je me rendis donc, confiante, dans cette école avec mon mari et mon fils.

Après lui avoir expliqué le parcours de Ruben, la directrice de l'école devint odieuse. Elle avait un regard méprisant qui me donnait envie de la gifler. Elle m'expliqua que sa chère école n'était pas « apte à recevoir un enfant handicapé », qu'elle « n'était pas aménagée pour ». Je lui répondis que le handicap de Ruben ne nécessitait pas « un aménagement particulier » et qu'il fallait juste qu'il soit accompagné par une auxiliaire de vie scolaire que nous nous engagions à trouver.

Mais elle n'en démordait pas : « Ce n'était pas possible » répétait-elle.

Depuis le début de l'entretien, elle n'avait pas regardé Ruben, ne lui avait pas dit un mot. Alors, ressentant probablement le malaise, il commença à s'agiter un peu sur sa chaise, fit tomber sa peluche et, en se relevant, se cogna la tête.

« Vous voyez, me dit-elle, je ne suis pas formée pour m'occuper d'enfants tels que le vôtre ! »

Je me levai en disant à mon mari qu'il fallait mieux partir. Cette femme me donnait envie de vomir. Mais avant de m'en aller, je ne pus m'empêcher de lui demander si elle connaissait cette phrase tirée du Lévitique : « Et ton frère vivra avec toi. » Une phrase qui indique que nous, juifs, avions un devoir de justice, de respect pour la différence, d'assistance et d'aide pour ces personnes dites « fragiles ». Mais apparemment, elle ne connaissait pas les fondements de sa propre religion. Alors je lui conseillai de doubler ses prières, de tripler le jour du jeûne de Kippour afin de se faire pardonner auprès du Créateur. Je lui indiquai aussi que de porter un chiffon sur la tête en guise de respect pour Dieu ne servait à rien si on ne comprenait pas le sens du judaïsme.

Elle devint hystérique et je la laissai crier toute seule. Mais en repartant, je me sentais terriblement blessée. Pourquoi avais-je été si naïve en attendant davantage de compréhension de cette école juive, simplement parce que j'étais de la même religion ?

Mais tout ce que nous vivions n'était pas un problème d'école confessionnelle ou d'école publique, c'était l'ensemble de la société française qui rejetait les handicapés par peur et par ignorance ! C'est elle qui les mettait à l'écart, les marginalisait en les privant d'un véritable avenir, comme si leur handicap était une maladie contagieuse qui risquait de contaminer les autres. Mais peut-être considéraient-ils que seules les personnes « normales » étaient dignes de mériter un avenir ! Et ce qui me rendait malade, c'était l'aveuglement de tous ces gens qui ne voyaient en eux qu'une charge, sans imaginer une seconde l'immense potentiel qu'ils possédaient et de tout ce qu'ils pouvaient apporter aux autres.

Après ce rendez-vous désastreux, Ruben n'était pas bien. Il était très énervé et semblait ruminer.

C'était un garçon d'une sensibilité hors norme qui possédait cette force de lire chacune de mes pensées. Il avait des « sentiments subtils » percevant la moindre des tensions. Je ne savais pas s'il avait compris la teneur de notre discussion avec cette horrible femme mais sur le chemin du retour, il me dit : « Maman, c'est quand qu'on va à l'école ? »

Et comme je ne lui répondais pas, cherchant quoi lui dire, il prit mon visage entre ses mains pour m'obliger à le regarder dans les yeux et me dit : « Pourquoi pas moi ? »

XXV : L'autisme, un business florissant

Plusieurs mois étaient passés et la réponse de la MDPH n'était toujours pas arrivée.

En revanche, nous avions eu la réponse de l'hôpital concernant les tests génétiques et il n'y avait aucune anomalie. Ses troubles du langage et du comportement ne venaient pas d'une hérédité génétique. Je respirai. Même si je n'avais rien dit à mon mari, je culpabilisais et j'avais très peur que les difficultés de mon fils viennent de moi, étant donné le handicap de mon frère. Et l'idée de lui avoir peut-être transmis un mauvais gène me rendait malade.

En allant chercher les résultats, la biologiste nous demanda d'entrer quelques minutes dans son bureau. Elle nous expliqua que Ruben « ne présentait pas le syndrome de l'X fragile et qu'il n'était pas autiste ». Selon elle, « le gène de l'autisme existait » et notre fils ne l'avait pas. Nous ne savions pas d'où elle tenait cette information. Alors je lui dis qu'aux dernières nouvelles, personne ne l'avait encore trouvé. Elle éleva un peu la voix en me disant à quel point sa notoriété était importante et qu'elle avait fait des conférences partout, même aux États-Unis. Elle était tellement sûre de savoir que je ne répondis plus rien. Puis elle me tendit une facture exorbitante. Je la réglais en me disant qu'en effet, vu le montant, elle devait être très réputée.

Même si nous avions l'impression d'avoir dépensé beaucoup d'argent pour pas grand-chose, nous étions rassurés sur un point, Ruben n'avait aucune maladie génétique.

Nous avions presque exploré toutes les pistes médicales possibles et tout était normal. Alors aujourd'hui, nous devions arrêter de chercher l'origine des difficultés de notre fils et aller de l'avant.

Et l'urgence, c'était l'école.

Même sans réponse de la MDPH, je décidai de rencontrer tout de même la directrice de l'école publique que Ruben devait intégrer.

Elle était aimable mais semblait gênée à chaque fois que l'on évoquait le handicap de Ruben. D'ailleurs, elle semblait avoir peur de prononcer le mot. Malgré mes longues explications, je crois qu'elle ne comprenait pas bien le diagnostic qui avait été fait, ni notre parcours, ni le programme que nous avions mis en place. Mais elle avait le devoir de l'intégrer dans son établissement, alors elle faisait le nécessaire. Ni plus ni moins. Elle me fixa un rendez-vous à l'école pour la semaine suivante.

Lors de cet entretien, je rencontrai les deux maîtresses qui se partageaient la semaine en maternelle grande section ainsi que l'enseignante référente qui devait établir le PPS et faire le lien avec la MDPH. Lorsque je lui demandais des nouvelles concernant l'avancement de cette commission fantôme, elle me répondit la même chose que la voix au téléphone : « Votre dossier est en cours » ; « Les pièces que vous avez fournies ont été examinées en vue de la commission qui se réunira prochainement. » Mais elle ajouta que Ruben pourrait faire sa rentrée à l'école même si nous n'avions pas de réponse définitive sur le temps scolaire que la MDPH accorderait à notre fils. Nous pouvions donc commencer à remplir ce PPS qu'elle transmettrait à la MDPH.

Nous étions tous d'accord concernant le temps scolaire. Il vaudrait mieux que Ruben vienne à l'école les matinées afin qu'il puisse continuer les après-midi ses séances d'orthophonie, de psychomotricité et de stimulation avec la psychologue.

Puis vint la question brûlante que je redoutais : quand rencontrerions-nous l'AVS ? Il nous fallait la voir afin qu'elle fasse connaissance avec Ruben, que je lui parle de notre fils, de son syndrome, de la meilleure façon de le guider, des choses à faire et surtout à ne pas faire. Mais l'enseignante référente m'expliqua qu'elle espérait déjà « pouvoir en obtenir une tous les jours » et que je ne la verrais que « quelques minutes lors du jour de la rentrée ».

« Cela doit venir de mon métier de journaliste mais je me suis beaucoup documentée sur le sujet. Je sais que ce métier n'est pas professionnalisé, que c'est mal payé et que les enfants changent d'AVS plusieurs fois dans l'année. Je sais aussi qu'elles reçoivent une formation sommaire sur le handicap en général et non sur les différents types de handicap. J'ai conscience de la situation. Alors répondez-moi franchement, pouvez-vous me garantir de trouver une AVS formée qui suivra Ruben pendant toute l'année scolaire ? Et qu'il sera possible de la rencontrer avant la rentrée afin qu'ils fassent connaissance tous les deux ? Si nous voulons que cette rentrée scolaire se passe bien pour Ruben et faciliter le travail des maîtresses, il est important de faire les choses comme elles doivent être faites. »

L'enseignante référente et la directrice avaient écouté ma tirade d'un air ennuyé. Je ne sais pas ce qu'elles pensaient vraiment. J'avais l'impression qu'elles étaient d'accord sur mon état des lieux mais qu'elles n'y pouvaient rien. Et je supposais aussi qu'elles devaient se dire qu'elles étaient tombées sur une emmerdeuse qui ne se laisserait pas faire.

« Écoutez Madame Cattan, nous ferons au mieux. Mais pour l'instant, nous n'avons pas d'AVS. Sachez toutefois que dans votre département, il y a une dizaine d'associations qui ont obtenu l'agrément de l'Éducation nationale et qui recrutent pour vous des AVS privées formées. Ces associations fournissent de plus un programme établi avec un système de supervision. »

Cela me rappelait notre évaluation bidon faite chez Mme G***. Et lorsque je lui demandai le nom de ces associations, elle me cita bien évidemment le cabinet de Mme G*** et quelques autres. Elle n'avait ni de liste officielle ni leurs coordonnées. Je la remerciai sans lui dire ce que j'en pensais.

Mais je ne trouvai pas leurs numéros sur le Net.

Alors j'appelai la MDPH, l'Éducation nationale, la cellule d'urgence handicap, l'inspection académique qui me cita quelques noms mais aucun de ces organismes ne possédait cette « fameuse liste », ni les coordonnées des associations. Je trouvai seulement quelques numéros de téléphone sur les pages jaunes, je les appelai et j'eus la même réponse à chaque fois : « Même si nous sommes agréées, nous n'avons pas les moyens financiers nécessaires pour mettre en place le recrutement d'AVS et la supervision. » C'était incroyable ! Apparemment personne n'était au courant. L'Éducation nationale accordait des agréments, l'inspection académique envoyait les familles vers ces structures sans avoir vérifié au préalable si elles offraient ce genre de services. Tout se passait dans une opacité et une confusion totales. Et encore une fois, les parents étaient livrés à eux-mêmes.

Une seule association répondit favorablement à notre demande et nous donna un rendez-vous rapidement.

La « psychologue en chef » nous reçut dans un bureau très chic. Elle nous posa quelques questions sur le profil de notre fils et consulta les divers comptes rendus.

Elle nous expliqua que leur association recrutait des psychologues ou étudiantes en psychologie avec lesquelles elle travaillait depuis longtemps. Ces jeunes femmes étaient formées aux méthodes de stimulation ABA ou TEACH : « Bien sûr, nous recrutons chaque année de nouvelles jeunes femmes mais elles passent un entretien poussé et nous les évaluons très sérieusement. Je ne vous cache pas qu'il y a une forte demande des parents. Mais quoi qu'il en soit, nous pouvons vous présenter quelqu'un avant les vacances afin qu'elle fasse connaissance avec votre fils. Et ainsi vous pourrez voir si cela convient à Ruben. Puis, si ça fonctionne, nous mettrons en place le programme de l'année à venir. Il y aura des séances de supervision avec "une psychologue référente" qui se rendra à l'école et à votre domicile afin d'évaluer et rectifier si nécessaire le travail de l'AVS. Et nous ferons également passer à Ruben plusieurs bilans. »

Je lui posai quelques questions sur sa formation en matière de méthodes comportementales mais elle demeura très vague. Elle avait suivi « ici et là » quelques stages d'ABA.

Elle nous dit beaucoup de mal du cabinet de Mme G*** en nous précisant qu'ils n'étaient pas « une usine à fric » comme « l'autre association » et qu'ils ne profitaient pas du désespoir des parents.

Même si la « psychologue en chef » nous avait accordé un rendez-vous express et qu'elle ne semblait pas y connaître grand-chose sur les méthodes de stimulation, nous étions rassurés sur deux points : Cette association nous trouverait une AVS compétente et Ruben pourrait faire sa connaissance avant d'entrer à l'école et s'habituer à elle. De plus, je pourrais lui transmettre ce que j'avais appris au centre Feuerstein.

C'était la seule solution puisque l'enseignante référente ne m'avait pas donné beaucoup d'espoir. Elle m'avait envoyé un mail me disant que : « Pour l'instant, aucune AVS n'était disponible. Mais qu'elle avait peut-être une piste pour l'année prochaine. »

La « psychologue en chef » devait nous envoyer par mail différents CV et le devis de ce programme.

Et dix jours après, elle nous envoya les profils de deux candidates. L'une d'elle était étudiante en psychologie formée ABA et l'autre avait obtenu son diplôme de psychologie au Brésil.

Le devis était en pièce jointe et lorsque je l'ouvris, je faillis tomber à la renverse. Il y avait non seulement le coût de l'AVS libérale qui pouvait varier, selon ses prétentions, de vingt euros à quarante-cinq euros de l'heure, auquel il fallait ajouter les heures de supervision faites par une psychologue référente à cinquante euros de l'heure. Il y avait aussi quelques réunions payantes entre elle et l'AVS ainsi que la cotisation à l'association. Elle estimait également qu'il était important d'ajouter quelques heures de stimulation à notre domicile afin de faire progresser Ruben plus rapidement mais surtout pour « garantir la pérennité de l'AVS ». La facture pouvait aller de trois mille euros par mois minimum à quatre mille euros. Sans compter les bilans de Ruben qui seraient facturés à part et qui coûteraient environ deux cents euros chacun.

Je l'appelai, lui demandant s'il était possible de faire baisser le devis. Mais elle me répondit que ce n'était pas possible, qu'il y avait beaucoup de demandes de parents et que l'AVS choisirait la famille en fonction du nombre d'heures demandées.

Nous ne savions pas comment nous allions pouvoir payer tout ça. J'avais dû arrêter mes activités professionnelles pour mon fils et même si Ruben allait à l'école l'année prochaine, il ne serait pris en charge que le matin. Comment pourrais-je trouver un mi-temps, correctement payé, qui corresponde à ses heures de classe ? Et puis nous avions les séances de psychomotricité, à raison de soixante euros la séance, qui restaient à notre charge. Seule l'orthophonie était remboursée par la Sécurité sociale.

De plus, nous n'avions aucune idée du montant de l'allocation à laquelle nous avions droit, étant donné que nous n'avions pas de réponse de la MDPH.

Mais nous étions prêts à tous les sacrifices pour le bien-être de Ruben. Et si c'était le prix à payer pour avoir une professionnelle compétente, soit je cumulerais plusieurs petits boulots pour y parvenir, soit nous prendrions un crédit, comme le faisaient beaucoup de familles.

Nous acceptâmes donc de recevoir les deux jeunes femmes, nous sentant pris au piège d'un système qui ne nous laissait pas beaucoup de possibilités.

La première jeune femme qui arriva à la maison avait 20 ans. Elle était en deuxième année de psychologie et sa formation ABA se résumait à un stage d'une semaine fait par un organisme privé. Ruben ne voulait pas aller dans sa chambre avec elle et joua par terre avec ses personnages dans le salon. Elle s'assit près de lui en le regardant tout en écrivant ses textos. La deuxième séance se passa exactement de la même façon. Elle était douce et sympathique mais n'avait pas plus de compétence qu'une simple baby-sitter. J'appelai donc la « psychologue en chef » lui demandant de nous envoyer la deuxième personne dans la semaine.

Lors de notre entretien, elle me sembla plus compétente que la première mais elle ne parlait pas très bien français. Malgré tout, le contact avec Ruben avait été immédiat, alors nous nous disions que ce n'était pas si mal.

Elle revint à la maison afin que nous puissions réfléchir au nombre d'heures nécessaires à la mise en place du programme de Ruben et je lui demandai si elle l'avait déjà établi avec la psychologue en chef. Elle me répondit qu'elle ne l'avait vu qu'une seule fois, lorsqu'elle s'était présentée pour le poste et que son entretien n'avait duré qu'un quart d'heure.

Tout ce que cette psychologue nous avait raconté sur « le recrutement scrupuleux de psychologues formées » avec lesquelles elle travaillait depuis des années et sur « le programme établi adapté aux besoins de l'enfant » me paraissait être une belle arnaque. La jeune femme n'avait fait que répondre à une annonce postée par Pôle Emploi.

Mais comme d'habitude, nous n'avions pas d'autres choix.

Alors, nous décidâmes d'établir son contrat. Mais lorsque je lui demandai la photocopie de ses papiers, elle me répondit qu'elle ne les avait pas sur elle et qu'elle devait passer au consulat. Et cette situation continua jusqu'à ce que nous comprenions qu'elle n'avait pas encore de titre de séjour régulier en France.

Je rappelai l'association. J'étais furieuse de ce temps perdu et de ce manque de professionnalisme. Elle me répondit « ne pas être au courant de cette situation » et bafouilla « qu'elle allait en chercher une autre ».

Mais une bonne nouvelle arriva : Magdalena, la psychologue ABA que nous avions recrutée, était finalement disponible pour accompagner Ruben à l'école.

Je téléphonai donc à l'enseignante référente pour l'en informer, mais il nous fallait passer « obligatoirement » par une association agréée afin que notre psychologue puisse intervenir à l'école.

Nous rappelâmes donc l'association pour leur présenter Magdalena, en leur expliquant qu'étant donné sa formation, il était peut-être possible de diminuer les séances de supervision. Mais ils refusèrent de façon catégorique : c'était la règle, même s'ils n'avaient pas fait le travail de recrutement et que la psychologue que nous avions trouvée était plus diplômée que la superviseuse. Si nous n'acceptions pas le devis imposé, il fallait aller voir ailleurs. Ce qui impliquait que notre fils risquait de ne pas aller à l'école si l'Éducation nationale ne trouvait pas d'AVS.

Cela ressemblait à du chantage mais nous étions piégés et obligés d'accepter.

À cette période, je ne savais pas que l'Éducation nationale pouvait employer la personne que nous avions trouvée. C'est étrange, personne ne me l'avait proposé.

J'appris également plus tard, que certaines personnes « importantes » avaient quelques passe-droits : leurs dossiers étaient traités en urgence, ils obtenaient sans aucune difficulté la possibilité que leur AVS privée signe un contrat avec l'Éducation nationale. Apparemment les familles n'étaient pas toutes logées à la même enseigne.

Et voilà ce que nous étions, nous parents d'enfants autistes, TED et autres, des poules aux œufs d'or, que l'on pouvait plumer en toute impunité, avec l'assentiment implicite de tout le monde.

Les parents avaient peur de se plaindre et de mettre en péril la scolarisation de leur enfant ; l'Éducation nationale ne regardait pas de trop près et délivrait des agréments ; quelques enfants handicapés étaient scolarisés en début d'année et cela faisait de jolies statistiques que le gouvernement pouvait étaler dans les médias, lors de la rentrée scolaire.

Tout allait pour le mieux dans le meilleur des mondes.

Peu importe si ces enfants arrivent à suivre une scolarisation régulière en étant bien suivis. Peu importe que la plupart d'entre eux soient déscolarisés avant d'atteindre le lycée. Peu importe aussi si les parents vivaient de façon précaire, subissant ces arnaques en tout genre et ce chantage sournois, se taisant au nom de l'avenir de leurs enfants.

Mais en y regardant de plus près, les abus ne s'arrêtaient pas là. Les formations ABA délivrées par des « éminents spécialistes étrangers », qui vous demandent mille cinq cents euros la journée, florissaient sur la Toile.

Des mamans parlaient aussi de fausses formations Feuerstein, PECS, Floor time[20] à quatre-vingt-quinze euros la séance et dix mille euros le programme effectué par une spécialiste venant d'Italie[21] ! D'autres payaient des séances d'hypnose à cent euros ; des thérapies avec un chien à soixante euros les trente

20. Floor time : thérapie par le jeu.

21. Demey (Juliette), « Autisme, une scandaleuse addition pour les parents », France-Soir, 1er octobre 2011. À lire à l'adresse [www.francesoir.fr/actualite/sante/autisme-une-scandaleuse-addition-pour-parents-142964.html].

minutes ou avec un cheval à quatre-vingts euros ; Sans oublier les séances de psychanalyse de soixante à quatre-vingts euros non remboursées par la Sécurité sociale mais arrondies à soixante euros si vous acceptiez de payer en espèces !

Une jeune femme s'était également présentée à l'annonce que nous avions passée en nous disant qu'elle était « psychologue, diplômée ABA » mais j'avais l'intime conviction qu'il n'en était rien.

Comment être sûr pour les parents que la personne qui se présente a véritablement obtenu son diplôme de psychologie et suivi une formation ABA ? Il n'existe aucun Ordre des psychologues, juste un syndicat et une obligation pour ces psychologues de s'inscrire afin d'obtenir un numéro Adeli 2, mais ce n'est pas suffisant. Parce que lorsque j'ai essayé d'obtenir le renseignement, personne n'a pu me répondre. Quant à la formation ABA qu'elle aurait suivie, il était impossible de le vérifier, surtout lorsque l'on sait que n'importe qui peut se dire « formateur ». Ce qui laisse le champ libre à toutes les arnaques, sans parler des différentes formations que l'on propose aux parents et qui ressemblent davantage à des méthodes sectaires qu'à des méthodes éducatives.

Il y avait aussi ces psychologues qui vous forçaient la main pour obtenir plus d'heures et qui n'hésitaient pas à vous facturer des évaluations bidons à deux cents euros, en vous faisant comprendre que si vous refusiez elles vous lâcheraient du jour au lendemain.

Mais ces abus en tout genre et ces petites arnaques ne cachaient-ils pas la plus grosse des arnaques ? Celle qui continue aujourd'hui de coûter si cher à l'État, creusant la tombe de la Sécurité sociale : les hôpitaux de jour. Des hôpitaux de jour dans lesquels les enfants autistes considérés comme « non intégrables à un milieu ordinaire » sont orientés. Des lieux qui ressemblent davantage à des asiles psychiatriques qu'à des lieux de progrès. Non seulement, l'orientation vers des hôpitaux de jour prive les autistes d'un espoir d'avenir mais en plus la facture est lourde : Entre cent mille euros et trois cent mille euros par enfant, d'après les associations[22] pour une année de prise en charge. Parce qu'à chaque fois qu'un enfant commence sa journée dans cette école-hôpital, ceci est considéré comme une journée d'hospitalisation, intégralement remboursée par la Sécurité sociale. Et pour quels résultats ? Aucun.

Pendant que dans d'autres pays, comme la Belgique et les États-Unis, « un enfant scolarisé en milieu ordinaire ne coûte que quatorze mille euros par an[23] ».

Pourquoi, alors que la France traverse une terrible crise économique et que le trou de la Sécurité sociale explose, l'État continue-t-il à financer à fonds perdu ces hôpitaux de jour au lieu de réemployer cet argent pour ouvrir des centres de stimulation ?

Ne sommes-nous pas en droit, nous parents d'enfants autistes, de nous demander à qui profite le crime ?

Parce que c'est un crime de laisser végéter des enfants dans des hôpitaux de jour en France alors qu'ailleurs ils sont intégrés dans un milieu ordinaire avec une perspective d'avenir. Que c'est un gâchis inacceptable d'abandonner ces enfants dans les mains de psychanalystes qui se complaisent à échafauder des théories fumeuses sur leur psychisme pendant qu'ailleurs des thérapies développent leur intelligence et leur compétence,

22. Autisme France, collectif Egalited Alliance Asperger.

23. Source : www.autisme-france.fr Texte de la réponse des associations à l'ANCRA.

depuis plus de trente ans. Que c'est un acte de maltraitance de les priver d'éducation et de savoir pour les soumettre au *Packing*[24] : un traitement non validé par l'Organisation mondiale de la santé (OMS) et qui consiste à ligoter un enfant au moyen de linges glacés pour créer un choc thermique afin de prétendument lui faire « retrouver son vécu sensoriel ».

Et que penser de la pataugeoire[25] ? Également utilisée dans certains hôpitaux de jour où plusieurs thérapeutes observent et analysent les réactions de l'enfant dans une sorte de petite baignoire remplie d'eau ? Nos enfants sont-ils des souris de laboratoire qui servent à faire avancer les recherches sur l'autisme ?

Pourquoi la France s'obstine-t-elle à financer ces pratiques obscurantistes d'un autre temps ? Au nom d'un patrimoine psychanalytique et d'alliances diverses avec le monde politique ? Au nom de lobbies puissants qui paralysent la moindre avancée scientifique ? Ou juste à cause de la faiblesse de l'État ?

Alors oui, j'accuse l'État français de négligence vis-à-vis des enfants autistes. Je l'accuse de maltraitance tout comme le Conseil de l'Europe qui a condamné notre cher pays à maintes reprises. Je l'accuse aussi de complicité face à un business de

---

24. Le *Packing* : traitement consistant à envelopper un patient de linges froids et humides. Créé au XIXe siècle, il a été mis en pratique en France par le psychiatre américain Michael Woodbury dans les années 1960, notamment pour les autistes. Certaines associations de parents ont demandé l'interdiction de cette pratique proche de la maltraitance. Le 8 mars 2012, la Haute Autorité de santé s'est déclarée « formellement opposée à l'utilisation de cette pratique ».

25. La pataugeoire : piscine thérapeutique d'observation des enfants autistes. Utilisée dans les hôpitaux de jour. Voir Alt (Karina), « Les troubles du spectre autistique : de la science à l'obscurantisme sectaire », sur le site www.agoravox.fr, 13 juillet 2009.

l'autisme qui sévit en France, mettant en péril de nombreuses familles.

Et j'accuse ma République de ne pas faire régner l'égalité entre ses citoyens, faisant de nous les otages d'un système mafieux.

Et, en faisant le bilan de toutes ces injustices, en lisant les témoignages de parents désespérés, lesquels vont parfois jusqu'au geste ultime en mettant fin à leurs jours, je n'ai qu'une obsession, me mobiliser et alerter les médias pour lever le voile sur ce marché de la honte.

XXVI : L'intégration scolaire, un combat quotidien

La rentrée avançait à grands pas et tout était prêt.

L'enseignante référente n'avait trouvé qu'une AVS non formée et inexpérimentée et qui ne pouvait intervenir que deux matinées par semaine. Et lorsque j'allai la rencontrer à l'école, par acquit de conscience, cette femme de 40 ans, qui élevait deux enfants toute seule, m'avait confié qu'être AVS était un « pis-aller » et qu'elle espérait trouver un travail mieux payé. Elle m'avait parlé de son contrat précaire et du manque d'avenir de cette profession. Elle avait évoqué ses soixante heures d'une formation faite de bric et de broc, allant de la dyslexie jusqu'au maniement d'un fauteuil roulant en passant par l'autisme, de façon sommaire. Tout ce qu'elle me confia ce jour-là me laissa supposer qu'elle ne finirait pas l'année à gagner douze euros de l'heure pour un travail épuisant qui demandait beaucoup d'investissement.

Je n'avais donc aucun regret. Faire intervenir une AVS privée restait la seule solution.

Mais voilà ce qui faisait toute la difficulté de notre vie, à nous, parents d'enfants différents. Nous avions beau essayer de tout prévoir, rien ne se déroulait comme nous le voulions.

La situation restait fragile et nous étions à la merci d'une AVS, d'une psychologue, d'un directeur d'établissement, d'une maîtresse d'école, des institutions et d'un système qui n'était pas fait pour nos enfants et qui refusait toute évolution.

Et comme je le redoutais, après ces deux jours de bonheur, voyant notre fils partir à l'école le cartable sur le dos, je reçus un coup de fil de l'association qui m'apprit que Magdalena ne reviendrait plus. Elle avait apparemment trouvé un poste de psychologue référente qui lui ramènerait plus d'argent pour moins d'investissement.

Malgré le contrat que nous avions établi, tous ces mois où elle avait appris à connaître et à travailler avec Ruben, elle nous lâchait, sans un mot d'excuse ni un au revoir à notre fils, en pleine rentrée scolaire.

Elle savait pourtant à quel point ces enfants s'attachaient aux personnes avec lesquelles ils travaillaient. Elle connaissait aussi leur besoin irrépressible de stabilité et leur peur du moindre changement. Et malgré tout ça, elle le lâchait sans le moindre état d'âme.

Mais je n'étais pas étonnée plus que ça. Je l'avais embauchée parce que je n'avais pas eu d'autre choix. Je la trouvais froide et distante, parfois brutale et hystérique lorsque Ruben pleurait et qu'elle hurlait « stop » en mettant sa main devant lui comme pour lui barrer le chemin, en m'expliquant faussement que c'était de l'ABA. Je n'avais pas vu non plus en elle cette petite étincelle, cette vocation que j'avais vue chez d'autres thérapeutes. Mais nous nous en étions contentés, faute de mieux.

Et il fallut expliquer à Ruben que « Fraise Tagada » était partie trop vite pour avoir le temps de lui dire au revoir et qu'il ne pourrait pas aller à l'école le reste de la semaine.

L'association n'avait personne à nous proposer et il n'y avait aucune annonce sur le site Autisme 75 que nous consultions régulièrement.

Nous étions dans une impasse totale. Mais il était hors de question que j'accepte l'idée que Ruben soit déscolarisé.

Alors je pris la seule décision qui m'était imposée : c'est moi qui accompagnerai mon fils à l'école.

Mon raisonnement était simple : l'Éducation nationale n'avait pas réussi à nous fournir une AVS ; la loi nous donnait le droit de scolariser notre enfant. J'allais donc jouer ce rôle que personne ne voulait jouer.

De plus, j'avais déjà travaillé dans des établissements scolaires, pendant plusieurs années, dans le cadre des « cours d'égalité » que mon association Paroles de femmes donnait. J'avais même reçu les Palmes académiques du ministre de l'Éducation nationale Xavier Darcos pour ces actions éducatives.

J'appelai donc l'enseignante référente pour lui faire part de la démission de Magdalena tout en lui proposant ma candidature : « Madame Cattan, vous savez que ce n'est pas possible, vous êtes sa mère » me dit-elle en cherchant ses mots. Je lui fis en trois minutes le résumé de mon CV et lui expliquai que j'irais voir le président de la République s'il le fallait, mais que mon fils irait à l'école lundi avec moi.

J'étais très ennuyée de mettre cette femme, qui s'était montrée très à l'écoute, dans l'embarras. Elle n'y était pour rien et je savais qu'il lui faudrait jouer des coudes avec sa hiérarchie pour imposer cette solution. Elle me répondit qu'elle allait contacter ses supérieurs et me rappeler.

Je passai également plusieurs coups de téléphone dans la journée. J'appelai l'Élysée, le cabinet du ministre de l'Éducation nationale et quelques amies politiques comme Rama Yade, Anne Hidalgo, Bariza Khiari ainsi que quelques journalistes avec lesquels j'avais travaillé afin de les prévenir d'une action éventuelle et obtenir leur soutien.

Je me préparais à une guerre sans merci et j'étais prête à tout.

L'inspectrice me téléphona deux jours après. Je devais passer une sorte de « visite médicale ». Je serais reçue par un médecin de l'inspection académique.

Je me préparai au rendez-vous et amenai ce qui constituait tous mes faits d'armes au sein de l'Éducation nationale. Je vins avec mes diplômes, un CV et la liste des formations que j'avais suivies en matière d'autisme. Une femme d'une cinquantaine d'années m'accueillit avec gentillesse mais curiosité. Elle me connaissait en tant que journaliste et présidente de Paroles de femmes.

Je lui racontai notre parcours, les raisons pour lesquelles je devais accompagner mon fils à l'école. Nous échangions sur cette situation inacceptable que rencontraient les autistes en France et de cette loi handicap qui n'avait pas été bien accompagnée. Mais je voyais bien qu'elle m'observait pendant que nous parlions, alors je mis les pieds dans le plat.

« Soyez franche, vous deviez m'évaluer pour voir si j'étais saine d'esprit ? Si je n'étais pas une de ces mères fusionnelles qui n'arrivent pas à lâcher leur enfant ? Vous savez, je m'occupe de mon fils et de mes deux filles hors de l'école. Pourquoi ne serais-je pas apte à le faire à l'intérieur de l'école ? J'ai davantage de diplômes qu'une AVS classique, j'ai travaillé dans des établissements scolaires et auprès de collégiens violents et très difficiles, alors pourquoi hésitez-vous ? Je n'ai qu'un objectif, Madame, faire progresser mon fils pour assurer son avenir, n'est-ce pas ce que vous souhaitez vous-même pour vos propres enfants ?

— Bien sûr, mais trouvez-vous cela bien d'être à la fois sa mère et son AVS ?

— C'est vous qui travaillez au sein de l'inspection académique et vous me posez la question ? Mais m'avez-vous laissé le choix ? Ne pensez-vous pas que je préférerais continuer à exercer mon métier de journaliste et faire ce que j'aime ? Vous savez très bien que cette question est hors de propos. Je ne trouve pas cela bien d'être à la fois sa mère et son AVS. Ce n'est pas moi qui ai fait ce choix, c'est le système qui me l'a imposé. Mais je ne trouve pas non plus que ce soit une hérésie de l'être lorsqu'on le peut, que l'on a les compétences pour le faire et lorsqu'il n'y a pas d'autre solution. Je ne comprends pas cette aversion qu'ont certains professeurs, médecins ou thérapeutes pour les mères. Soit on travaille et on nous reproche de ne pas nous occuper assez de nos enfants soit on veut s'en occuper davantage et on nous considère comme des mères juives en puissance. Et, dans les deux cas, nous sommes déclarées coupables.

— Là, c'est la féministe qui parle, je suppose ?

— Si vous voulez. Il faut dire que cette vision psychanalytique de la mère que beaucoup de thérapeutes m'ont balancée au visage commence à me fatiguer. C'est une vision sexiste, grotesque et dépassée. Bettelheim et Lacan ont fait leur temps, ne croyez-vous pas ? Mais ce qui m'agace par-dessus tout, c'est que j'ai fait de longues études, que j'ai 44 ans, trois enfants et qu'il me faut me justifier devant vous afin de vous prouver que je suis une mère normale ! Et je me pose une question, faites-vous passer aux AVS, aux éducateurs et à tout le personnel de l'Éducation nationale, un test psychologique avant qu'ils entrent à l'école afin de s'occuper de nos enfants ? Non. Alors pourquoi le faites-vous pour moi ? »

Elle sourit sans me répondre et m'annonça que ma demande était acceptée.

Avant de partir, je lui dis que j'espérais, tout comme elle, que cette situation soit temporaire. Mais que, tant qu'il n'y aurait pas d'AVS publique ou privée compétente, je la remplacerai parce qu'il n'était pas question que mon fils soit déscolarisé ou qu'il végète dans une classe avec une AVS non formée.

Et c'est ainsi que de mère à médiatrice, je devins l'auxiliaire de vie scolaire de mon fils tout en militant activement pour une meilleure intégration des enfants handicapés à l'école.

XXVII : Un élève parmi les autres élèves

Ma rentrée en maternelle ne fut pas de tout repos. J'avais oublié à quel point être à l'école pouvait être épuisant.

Assise sur ma petite chaise d'écolière, avec mon petit cahier sur lequel je prenais des notes, je me retrouvai plongée dans une époque que j'avais totalement oubliée.

Ruben n'allait à l'école que le matin. Au bout de neuf mois, la MDPH nous avait enfin rendu sa réponse, fin septembre, validant le PPS que nous avions rempli.

Il y avait deux maîtresses aux tempéraments opposés. Celle qui exerçait le lundi et le mardi était volcanique et très drôle, celle qui prenait la relève, le jeudi et le vendredi, était douce et attentive. Ruben les aimait toutes les deux et s'était adapté à leur méthode de travail, qui était très différente l'une de l'autre.

Les enfants de sa classe étaient adorables et avaient accueilli Ruben avec beaucoup de gentillesse. Ils se demandaient juste qui j'étais et ce que je faisais là. Alors lorsqu'ils venaient me poser la question, je leur expliquais que j'accompagnais Ruben afin de l'aider dans ses activités.

Les maîtresses avaient choisi de ne rien expliquer aux enfants. Et l'une d'entre elles m'avait même demandé de ne pas trop parler avec eux. Elle se mettait à souffler d'agacement lorsque je me contentais de répondre à un enfant, ce qui me mettait mal à l'aise et ne facilitait pas mon travail de médiatrice qui consistait surtout à intégrer Ruben dans le groupe.

Malgré tout, en une semaine, il avait déjà, un meilleur copain, le petit Mathieu et deux jolies fiancées, Inès et Eva.

Même si je trouvais cela épuisant, j'adorais ce que je faisais. Mon travail dans la classe était de réexpliquer à Ruben les consignes de la maîtresse lorsqu'elle parlait trop vite ou qu'elle employait des mots compliqués. Il fallait aussi que je le restimule lorsqu'il avait une baisse d'attention. Parfois Ruben était dans la lune, lorsque, par exemple, l'institutrice lisait une histoire. Alors je lui avais demandé de le prendre près d'elle, sur le banc. Et du coup, Ruben se sentant impliqué et valorisé, écoutait l'histoire avec plus d'attention. C'était cela la méthode Feuerstein, des petits gestes simples plein de bon sens mais qui changeaient tout.

Dans la cour, mon travail consistait à le faire jouer avec les autres enfants et à l'intégrer dans le groupe. Je l'incitais à les regarder dans les yeux, ce qu'il ne faisait pas pour le moment, et à s'adresser directement à eux. Je lui expliquais aussi les règles du jeu et l'aidais à y participer. Du coup, je les faisais chanter, je leur faisais faire des rondes, des Un, deux, trois, soleil, et eux m'apprenaient le jeu du petit lapin qui saute que je ne connaissais pas. Et je crois que dans ces moments-là, je m'amusais autant qu'eux.

J'avais noué des relations particulières avec une dizaine d'enfants. Ils m'appelaient par mon prénom et venaient me voir au moindre bobo. Et ces enfants m'étonnaient de jour en jour. Ils ne se comportaient pas différemment avec Ruben mais s'adaptaient à lui. Les filles le prenaient par la main pour le guider et l'encourager. Elles lui apprenaient à sauter à la corde ou à jouer à l'élastique. Ruben parlait de mieux en mieux mais son vocabulaire était encore sommaire. Alors il me fallait parfois traduire avec des mots simples ce que les enfants lui disaient.

De temps en temps, Ruben se parlait à lui-même, ce qui arrive à tout le monde pour ne pas oublier de faire quelque chose. Mais pour lui, ce langage intérieur permettait de matérialiser et d'ordonner ses pensées.

Un matin, alors que je l'observais, j'eus l'impression que Ruben était un petit enfant étranger, arrivé d'un pays lointain, et qui était en train d'apprendre le français ainsi que les mœurs et coutumes du pays. D'ailleurs, un jour, lorsqu'une petite fille, plus âgée, vint me voir à plusieurs reprises dans la cour en me demandant pourquoi il avait des difficultés à parler correctement, je finis par lui répondre qu'il arrivait d'Angleterre et qu'il apprenait le français. Cela avait fait rire Ruben et à chaque fois qu'il la voyait, il lui demandait avec les yeux brillants de malice : *Hello, how are you ?* Et c'est finalement ce qu'il était, un petit étranger qui avait vécu dans un autre monde et qui, peu à peu, s'accoutumait à vivre dans le nôtre. Et moi, j'étais à la fois une sorte de béquille sur laquelle il s'appuyait lorsqu'il en avait besoin et aussi une interprète qui faisait le lien entre lui et la maîtresse, lui et les autres enfants.

Concernant les apprentissages, Ruben n'avait pas plus de difficultés que les autres. Il savait désormais écrire la date au tableau et son nom en « lettres bâtons », réciter l'alphabet, compter jusqu'à deux cent, dessiner des personnages, couper, coller, apprendre des comptines, faire des puzzles…

Même si aller à l'école était devenu pour moi une sorte de vocation, mon mari continuait tout de même les démarches afin de trouver une AVS. Et nous trouvâmes une dame à la retraite qui l'accompagna tous les lundis, ce qui me permit de souffler un peu.

L'année se passa sans problème pour Ruben mais pas sans difficultés pour moi.

Au début, les maîtresses semblaient marcher sur des œufs lorsqu'elles me parlaient, en ne voyant en moi qu'une maman dans la classe.

L'une d'entre elle refusait d'adapter sa classe et de mettre les produits dangereux hors de la portée de Ruben ; elle faisait parfois semblant de ne rien comprendre comme lorsqu'elle insista devant le médecin scolaire et les élèves afin qu'il aille passer sa visite médicale, sans l'avoir prévenu au préalable. Et j'avais beau lui expliquer que Ruben, comme beaucoup d'enfants TED, devait être préparé à ce genre de chose, ayant une peur panique du moindre changement, elle n'en démordait pas. Elle balayait toujours mes explications d'un revers de main, sans m'écouter, comme si ce que je lui disais n'était rien de plus que des caprices de maman.

Et puis, il y eut toute cette polémique absurde autour d'une bouteille de Coca-Cola. Les enfants avaient le droit de ramener leurs bouteilles d'eau mais lorsque je sortis du cartable une bouteille de Coca-Cola pour Ruben, ce fut la panique.

« Il n'a pas le droit d'en boire à l'école, me dit la maîtresse.

— Très bien, excusez-moi, je ne le savais pas. Je la remets dans son cartable immédiatement. »

Mais elle en parla à la directrice qui en parla à son tour à l'inspection. Je leur expliquai que Ruben refusait de boire de l'eau et que je lui mélangeais du Coca et de l'eau pour qu'il accepte de boire. Mais l'enseignante référente me répondit que si Ruben avait « des particularités dans son régime alimentaire », il fallait qu'elle déclenche un PAI (projet d'accueil individualisé). Elle nous donna un dossier à remplir qui devait être validé par le médecin scolaire et transmis à qui de droit.

Il y eut trois rendez-vous dans le bureau de la directrice pour en parler. Et en attendant, Ruben se cachait pour boire pendant que les autres étaient en récréation. Je trouvais qu'on marchait sur la tête. Pour une simple bouteille de Coca, tout le monde avait su se motiver bien plus que pour faciliter la scolarisation de Ruben.

Le véritable problème était que personne ne faisait l'effort de s'informer sur ce syndrome. Les maîtresses ne comprenaient pas que Ruben avait des habitudes obsessionnelles et que pour amorcer un changement, il avait besoin de temps et d'une préparation spécifique. Et lorsque je leur parlais des rituels que Ruben avait instaurés et qui le rassuraient, comme le fait de descendre par un escalier et non par un autre, elles me regardaient comme si je divaguais. Alors, restant toujours calme et diplomate, je leur ramenais régulièrement de la documentation afin qu'elles apprennent à mieux connaître le syndrome de Ruben. Un jour, je leur ramenai même un dossier très bien fait, réalisé par l'Éducation nationale et qu'elles n'avaient apparemment jamais lu. Elles le posèrent sur leur bureau sans un mot et semblèrent agacées par ma démarche.

Mais petit à petit, la confiance s'installa entre nous.

Et, au bout de quelques mois, les deux institutrices finirent par oublier que j'étais la maman de Ruben et me demandèrent parfois des petits services pour la classe que j'acceptais de faire avec plaisir. Ruben avait réussi son intégration scolaire et j'avais l'impression que, par extension, moi aussi.

Et comme si la vie avait décidé de nous sourire un peu, mon mari réussit à trouver une psychologue qui accepta de faire deux matinées par semaine à l'école lors du dernier trimestre de maternelle.

Lorsque j'annonçai cette nouvelle à l'équipe éducative, ils changèrent de regard à mon égard, réalisant peut-être que je ne voulais pas être l'AVS de mon fils à tout prix et que j'avais simplement essayé de faire au mieux.

Élise entra dans notre vie et fut une merveilleuse thérapeute, faisant faire des sauts de géant à Ruben dans de nombreux domaines. Elle était formée à plusieurs méthodes et avait vécu au Canada. Elle était curieuse de tout et recherchait sans cesse de nouveaux outils adaptés ; lorsqu'elle n'en trouvait pas, elle les fabriquait elle-même. Elle avait une drôle d'allure pour une psy, avec ses *dreadlocks* sur la tête et son rire communicatif, mais c'est cela aussi que j'aimais chez elle, son côté non conventionnel. J'aimais surtout cette étincelle que je voyais dans ses yeux à chaque fois que Ruben progressait. Elle mettait beaucoup d'elle-même et s'impliquait.

Ruben avait maintenant un véritable programme établi par Élise : il avait un calendrier précis où il devait écrire la date, la météo, son programme de la journée, le nom des intervenantes qu'il voyait. Élise minutait avec un *timer* chaque exercice scolaire, ce qui rassurait Ruben qui avait besoin d'un cadre. Elle variait les jeux de société, la lecture et sa compréhension, la musique et la relaxation. Elle lui proposait aussi « des jeux symboliques » : à l'aide de personnages ou de poupées, Élise l'incitait à créer des scénarios sociaux et l'amenait à poser des questions, ce qu'il avait beaucoup de mal à faire. Elle le faisait travailler sur ses sens avec « le loto des odeurs » grâce auquel, il pouvait apprendre à reconnaître le parfum de la rose ou du chèvrefeuille.

Élise avait trouvé trois livres formidables de Cécile Gabriel afin de l'aider à identifier ses émotions et les étapes qui composaient une journée : se lever, prendre son petit déjeuner, s'habiller…

Elle lui faisait faire des colliers de perles pour améliorer la motricité fine ; Malaxer de la pâte à sel pour travailler l'aspect sensoriel. Elle stimulait son imagination et le poussait à la créativité en lui faisant fabriquer des petits cadeaux pour la fête des Mères ou les anniversaires. Lui, qui auparavant détestait manipuler la peinture ou la pâte à modeler, apprenait à découvrir différentes matières.

Cette jeune psychologue lui amenait beaucoup de joie et l'aidait à progresser et surtout à construire son imagination.

Elle établissait des comptes rendus très rigoureux, qui parfois me donnaient mal à la tête parce qu'ils étaient remplis de termes psys, mais j'aimais son professionnalisme.

Je crois qu'à cette époque nous avions établi ensemble un véritable travail d'équipe et une forte relation d'amitié.

En cette fin d'année de maternelle, grâce à nous tous, Ruben était devenu un petit écolier comme les autres qui allait entrer en CP.

En me rappelant cette période, le jour qui restera le plus marquant pour moi est sans nul doute la fête de l'école, lorsque je vis mon petit garçon sur scène danser avec les autres et saluer le public avec un large sourire. Alors que je le filmais, sa petite fiancée Eva lui prit la main pour l'aider à descendre, en disant « qu'elle se marierait avec lui ». Il lui répondit « qu'il était d'accord » et ils échangèrent un bisou maladroit. Puis les maîtresses et les copains vinrent le féliciter d'avoir si bien dansé. Ruben semblait tellement heureux à ce moment-là que je ne pouvais m'empêcher de pleurer. Je me précipitai pour le prendre dans mes bras et le complimenter à mon tour. Et j'aperçus la directrice et les deux maîtresses qui nous regardaient, Ruben et moi, avec une tendresse infinie.

Cette expérience m'avait beaucoup appris mais j'avais la conviction que je n'étais pas la seule, la directrice tout comme les institutrices avaient, elles aussi, partagé l'évolution incroyable de Ruben.

J'avais pris aussi conscience, pendant cette année de maternelle, du travail énorme que réalisaient les directeurs d'établissements et les enseignants, et pris la mesure de leurs contraintes et des comptes qu'ils avaient à rendre à l'inspection académique. S'occuper d'une classe de trente élèves, dont des enfants en difficulté ou turbulents, n'était pas une sinécure. Et je comprenais leur réticence à accueillir un enfant handicapé au sein de leur classe. Ils ne savaient pas comment faire face à un enfant autiste parce qu'ils ne savaient même pas ce que c'était. Ils s'imaginaient ne pas « être formés » pour s'en occuper. Je crois surtout qu'ils avaient terriblement peur de « mal faire ».

Même si, au début, nos relations n'avaient pas été faciles et que j'avais dû me battre pour nous imposer Ruben et moi, peu à peu, pas à pas, cette aventure avait pu marcher parce que nous avions travaillé tous ensemble à sa réussite.

Et c'est cela qu'il fallait maintenant initier : inciter les parents, les inspecteurs d'académie, les directeurs d'établissements et les professeurs à travailler ensemble, sans *a priori*, ni cliché ou jugement quelconque, avec deux objectifs en tête, la réussite de l'enfant et son bien-être.

Les gens avaient tellement de préjugés concernant l'autisme. Ils imaginaient que tous ces enfants étaient violents, incontrôlables, retardés mentalement, sans intelligence ni compétences, dans leur monde. Il y avait encore tellement d'ignorance que je comprenais mieux pourquoi cette intégration scolaire en France fonctionnait si mal.

Tout restait à faire et pas seulement au sein de l'Éducation nationale mais dans toutes les sphères de la société afin de mettre un terme à la ségrégation silencieuse que subissaient les enfants autistes. Il fallait déconstruire les préjugés et les clichés que l'on entendait partout. Lutter activement contre les discriminations dont ils étaient victimes.

Et c'est en m'y intéressant de plus près que je pris conscience que le terme « autiste » était utilisé à tort et à travers et que le langage courant avait dénaturé le sens de ce mot pour un faire une expression péjorative, une insulte, un synonyme de « débile », parfois même un élément de langage pour nos politiques.

Les « autistes » subissaient non seulement les discriminations en tout genre mais en plus avaient été dépossédés du nom de leur syndrome.

Mais tout comme le sexisme, l'homophobie et tous ces autres grands combats humanistes, cette lutte contre les préjugés envers les personnes autistes ne se gagnerait pas en un jour. Et il faudrait du temps pour y parvenir.

XXVIII : Autiste, un mot étiquette

« Le danger, ce n'est pas ce qu'on ignore,
c'est ce que l'on tient pour certain et qui ne l'est pas. »
Mark Twain

Lors de certaines conversations, combien de fois m'est-il arrivée d'entendre le mot « autiste » pour désigner tout et n'importe quoi !

Pour parler d'une fille qui ne parle pas beaucoup, d'un garçon solitaire, de quelqu'un de timide, d'introverti, ou qui ne comprend rien. Il n'y a qu'à regarder sur la Toile. Le mot « autiste » est devenu une expression du langage courant et parfois même une insulte.

Et lors d'un dîner entre amis, je repris l'un d'eux qui avait déclaré que « tous les dirigeants politiques étaient autistes ». Il me rétorqua que c'était simplement « une façon d'imager son propos », que « ce n'était pas une insulte vis-à-vis des véritables autistes qui sont des gens extraordinaires ». Il ne semblait pas se rendre compte que l'emploi courant de ce mot stigmatisait les personnes autistes. Et là, il se sentit obligé de me dérouler la liste de tous les gens célèbres que l'on déclare aujourd'hui autistes, même s'ils n'ont jamais été diagnostiqués comme tels. Il y avait, en effet, une nouvelle tendance, ces dernières années à vouloir rapprocher le génie à l'autisme. Et il cita Einstein parce qu'il avait parlé tardivement ; Jane Austen parce qu'à l'époque une femme qui ne voulait pas se marier mais devenir écrivain « devait forcément l'être pour expliquer un tel comportement » ; les sœurs Brontë, la poétesse Emilie Dickinson, Beethoven, Mozart, Van Gogh, Glen Gould ou encore Bill Gates.

D'autres prirent la relève, m'expliquant que le cinéma avait contribué à fabriquer ce mythe de l'autiste à la fois génial, mystérieux mais aussi violent et inquiétant. Ils me citèrent Dustin Hoffman dans *Rain Man* qui retraçait l'histoire de Kim Peek, un autiste « savant ». Le pianiste David Helgot de *Shine*. *L'Enfant sauvage*, de Truffaut, qui évoquait de façon romanesque, le parcours d'un enfant autiste au XIXe siècle. Puis *Code Mercury* où un enfant déchiffre un code secret du gouvernement.

Et c'est ainsi que tout le monde se mit à déverser les pires lieux communs.

Cette conversation se termina par une conclusion qui me fit bondir. Les enfants autistes seraient « des extraterrestres qui vivent dans un autre monde ». Et c'est d'ailleurs pour cette raison qu'on leur attribuerait des dons surnaturels comme dans *l'Élue* ou des rôles dans des films d'horreur comme dans *Silent Fall*.

Voilà les différentes images que nos enfants renvoyaient, des aliens mutiques ou parlant un autre langage, des êtres presque à l'état brut, angéliques ou diaboliques, vivant dans leur bulle, se balançant toute la journée ou des génies de la musique ou de l'informatique.

L'autisme semblait être le symbole d'un mystère qui fascinait autant qu'il faisait peur.

Mais je ne pouvais pas leur en vouloir. Tout cela n'était qu'un aveu d'ignorance, montrant à quel point l'autisme était méconnu en France.

Je leur expliquai alors brièvement que le monde de l'autisme était immense et qu'il regroupait des petites planètes de toutes les couleurs, diverses et très différentes les unes des autres. Et qu'il y avait de nombreuses formes d'autisme allant d'un autisme typique à l'atypique en passant par l'autisme de haut niveau jusqu'au syndrome d'Asperger. Ils semblèrent étonnés d'apprendre que tous ces enfants présentaient des troubles du développement très différents.

Je leur demandai aussi de comprendre que leur façon d'utiliser ce mot pour tout et n'importe quoi était ressenti par les parents comme une parole blessante qui réduisait notre enfant « l'autiste » à une étiquette étriquée, en faisant de lui un être immatériel et invisible.

Malgré tous ces clichés et préjugés énoncés, ils avaient raison sur un point, le syndrome d'Asperger fascinait. D'ailleurs les fictions le mettaient de plus en plus en avant. On le retrouvait suggéré dans la trilogie *Millenium* et traité avec humour dans le film d'animation *Mary et Max* ou dans la série pour adolescents *Skins*.

Et si ce dîner m'énerva au plus haut point, ce ne fut rien par rapport à ce que je pus entendre de nos chers élus, qui pourraient au moins donner l'exemple. Je dirais même, en y regardant de plus près, que le mot « autiste » dans la classe politique était devenu un élément de langage soufflé probablement par des directeurs de cabinet ou des agences de communication. Je me souviens de cette phrase de Jean-Louis Borloo : « Le gouvernement est passé de l'inaction politique à l'autisme[26] »,

26. Le *Journal du dimanche*, 25 avril 2013.

ou encore celle de Laurent Wauquiez qui déclarait au sujet de François Hollande : « Le président ne doit pas rester autiste[27]. »

Mais il n'y avait pas qu'en politique où cet abus de langage avait été utilisé.

De nombreuses personnalités avaient participé allègrement à ce palmarès des petites phrases comme Alain Minc pointant « les outrances contre les patrons autistes[28] » ; José Bové qualifiant « le parti socialiste d'autiste[29] » ou encore le footballeur Romario qui déclarait dans un tweet : « Vous saviez que Messi est atteint du syndrome d'Asperger ? C'est une forme d'autisme léger qui induit le don de mieux se concentrer que les autres[30]. »

Cette expression était apparue également dans la jeune génération. Qui n'avait pas entendu certains adolescents dire : « Mais t'es autiste ou quoi ? » De la même façon qu'ils s'insultaient avant de *mongol* ou de *triso*.

Mais je me souviens surtout de la polémique déclenchée par le sénateur PS André Vallini qui avait déclaré que « les enfants autistes étaient les victimes de la maltraitance de leurs parents[31] ». Ce qui avait fait bondir les associations et les familles. Malgré cette bourde, le président du conseil général de l'Isère s'était excusé immédiatement en disant qu'il « ne savait pas » et que ses propos « lui avaient été inspirés par des pédiatres et autres spécialistes de la psychiatrie infantile ». Ce qui n'était pas très rassurant mais révélateur de ce que certains médecins français continuaient de penser, influencés par de

27. Interview de Laurent Wauquiez dans *Le Figaro* du 24 mars 2013.
28. Blog d'Yvan Riouffol, sur le site du *Figaro*, 27 mars 2009.
29. Déclaration de candidature de José Bové, *Le Monde.fr* du 1er février 2007.
30 *Le Parisien*, 10 septembre 2013.
31. *Isère Magazine*, juin 2013.

vieilles théories psychanalytiques, abandonnées ailleurs, mais toujours vivaces dans notre pays.

Voilà comment l'image de l'autisme s'était construite, à partir d'une mémoire cinématographique et d'anciennes théories psychanalytiques.

Mais heureusement, depuis quelques années, certains autistes avaient pris la parole afin de lutter contre tous ces stéréotypes qui stigmatisaient les autistes.

Cela avait permis de mieux comprendre leurs ressentis et de prendre conscience de leur potentiel ; le seul bémol étant que les autistes les plus connus étaient encore des Asperger comme Daniel Tammet[32] ou le docteur en philosophie Josef Schovanec[33], soit des autistes de haut niveau comme Temple Grandin[34].

Ce qui limitait toujours la vision globale de l'autisme.

Mais leurs paroles libres et pleines d'humour avaient permis de tordre le cou à certains clichés comme le fait de penser que les personnes autistes étaient des êtres « enfermés dans leurs petites boîtes » comme l'écrivait Josef Schovanec.

---

32. Daniel Tammet, surnommé « l'homme-ordinateur » est un écrivain et poète britannique qui souffre du syndrome d'Asperger. Il est polyglote et parle douze langues. Il a réussi plusieurs exploits : réciter vingt-deux mille cinq cent quatorze décimales de Pi en cinq heures, apprendre l'Islandais en une semaine pour une émission télévisée.
33. Josef Schovanec, autiste Asperger, est docteur en philosophie, diplômé de Sciences Po Paris et auteur du livre *Je suis à l'Est.*
34. Temple Grandin : célèbre professeure à l'université du Colorado, elle est docteure en sciences animales et spécialiste en zootechnie. Les écrits de cette femme, autiste de haut niveau, ont beaucoup apporté à la compréhension du ressenti de l'autiste, de ses émotions et de ses troubles sensoriels.

En France, de nombreux témoignages avaient permis aussi de lutter contre ces idées reçues, tout en tirant la sonnette d'alarme sur la mauvaise prise en charge de l'autisme. Il y eut Francis Perrin et son fils Louis, Nicole Damaggio et sa fille Anneclaire, Sandrine Bonnaire et sa sœur Sabine ou encore le comédien Hugo Horiot qui prouva par son témoignage que l'on pouvait sortir de l'autisme.

Mais malgré tous ces efforts, beaucoup d'*a priori* continuaient d'exister encore aujourd'hui, ralentissant l'intégration des personnes autistes dans la vie ordinaire.

Une étude d'Opinion Way intitulée « Autisme, clichés et préjugés », parue le 2 avril 2013 à l'occasion de la Journée internationale de l'autisme, a montré que l'on continuait de croire que l'autisme était « un trouble psychologique[35] » et que la place des autistes était « dans des endroits spécialisés[36] ».

Il nous restait donc encore un long chemin à parcourir afin de changer les mentalités et de détruire ce mur de préjugés qui enfermait nos enfants dans une prison sans espoir de sortie.

---

35. Pour plus d'un Français sur trois.
36. Pour plus d'un Français sur deux.

XXIX : Une discrimination ordinaire

Article 13 du traité d'Amsterdam : cet article confère expressément à l'Union européenne le pouvoir d'agir dans le domaine du handicap.
Il reconnaît ainsi le problème de la discrimination fondée sur le handicap. (2 octobre 1997).

Tous les préjugés qui subsistaient sur l'autisme, toute cette désinformation nourrie par l'ignorance avaient de lourdes conséquences sur notre quotidien.

Et lorsque je voulus simplement inscrire Ruben à une activité sportive et culturelle comme j'avais inscrit mes filles à la danse ou au conservatoire de musique, je pris la mesure de la discrimination ordinaire dont les enfants autistes étaient victimes.

Ruben jouait au tennis avec nous pendant l'été et aimait ce sport, mais lorsque je voulus lui faire suivre des cours dans un club, j'essuyais refus sur refus. Comme si mon fils était un pestiféré.

Je ne pouvais pas leur mentir et ne rien dire. Il me fallait les prévenir de son trouble afin qu'il soit accompagné par moi ou un éducateur que j'avais trouvé et qui resterait présent lors du cours collectif. Mais malgré toutes mes explications, aucun club n'accepta ma demande.

J'appelai donc la Fédération de tennis qui me renvoya sur la Fédération handisport. Ils m'expliquèrent qu'il y avait « du tennis en fauteuil » mais « pas de tennis pour les autistes ». En fait, le ministère des Sports avait décidé de couper la Fédération en deux et aujourd'hui le « handicap mental » était géré par la Fédération française du sport adapté. Je les appelai donc et ils me renvoyèrent vers la Région. À la Région, une jeune fille me confia que ses dirigeants avaient eu un rendez-vous avec la Fédération de tennis pour la « sensibiliser » mais que rien pour l'instant n'avait été décidé.

Elle me proposa « des activités motrices » et un club de natation à quarante-cinq minutes de notre domicile en me prévenant que dans ces clubs, tous les handicaps mentaux étaient mélangés. Si cela nous convenait, il nous faudrait payer une licence de vingt-six euros en plus de l'abonnement au club. Je lui expliquai que l'autisme n'était pas un handicap mental et que mon fils allait à l'école « normale » et que je ne voyais pas pourquoi, il devrait se retrouver avec des enfants présentant toutes sortes de handicaps pour pratiquer en plus un sport qu'il n'aimait pas. La jeune fille s'excusa en me disant « qu'ils faisaient ce qu'ils pouvaient mais que les Fédérations et les éducateurs sportifs n'étaient pas très chauds pour accueillir les autistes de peur qu'ils fassent une crise ».

Je me demandais bien pourquoi cette Fédération existait. Elle n'était encore qu'une enseigne politique aux rayons vides.

Cela confirmait ce que je pensais : L'autisme n'était pas un handicap comme les autres. Il était le parent pauvre de la grande famille du handicap. Et comme m'avait dit un éducateur sportif : « Il vaudrait mieux que votre fils soit en fauteuil. Il pourrait pratiquer tous les sports. Vous comprenez, ce sont des gens normaux qui ont juste eu un accident et qui se retrouvent handicapés du jour au lendemain. Et puis, ça peut nous arriver un jour. Alors qu'avoir un enfant autiste… »

Pourquoi l'autisme avait-il un traitement particulier ? Et surtout pourquoi l'État n'appliquait pas la loi qui obligeait ces Fédérations à accueillir nos enfants ?

L'autisme touchait tout de même six cent mille personnes…

Par le biais d'associations, je fus dirigée vers la Fédération de rugby qui mettait un point d'honneur à accueillir des enfants différents. Mais malheureusement, les premiers cours de rugby ne furent pas concluants. Le professeur ne faisait qu'écarter Ruben du groupe, ne s'adressant jamais à lui. Et mon fils, qui avait ressenti ce rejet, avait fini par me dire qu'il ne voulait plus y retourner parce que cela le « rendait triste ».

Je me tournai alors vers d'autres activités comme la danse. Lors d'une conversation, la grande danseuse, Marie-Claude Pietragalla, marraine alors de Paroles de femmes, m'avait expliqué à quel point la danse lui ferait du bien, lui permettant d'exprimer toutes ses émotions tout en travaillant sur son corps et sa coordination.

Ruben aimait beaucoup la musique et dansait tout le temps aussi bien sur de la musique classique que sur du Adèle, du Stromae ou du Youssoupha. Nous avions d'ailleurs le droit à notre spectacle hebdomadaire. Il apportait son lecteur CD dans le salon et nous faisait un véritable show. Puis pour terminer, il nous saluait, ainsi que je le lui avais demandé une fois précédente. Ce qui nous faisait rire à chaque fois parce que Ruben avait le don de transformer ses maladresses en moments de grâce.

Malheureusement lorsque je contactai les écoles de danse, les professeurs refusèrent eux aussi qu'un éducateur assiste au cours. L'un d'entre eux me répondit qu'il était gêné de me dire non. Alors il me proposa de faire un cours d'essai individuel afin de voir s'il « était capable de bien danser ». Je trouvai cela humiliant. Mes filles n'avaient jamais eu à passer le moindre test. Il avait suffi de les inscrire. Encore une fois, Ruben avait le droit à un traitement particulier.

Alors je me dirigeai vers des endroits spécialisés, dits « pour handicapés ». Au niveau du sport ou de la musique, il n'y avait rien. Je ne trouvai qu'un atelier de peinture. J'y allai tout de même avec lui pour voir si cela lui plairait. Mais il n'y avait aucun encadrement, aucune méthode ou guidance particulière et tous les handicaps étaient mélangés, de 6 ans à 50 ans. Le professeur leur fournissait juste une toile et des pinceaux et les laissait « s'exprimer » pendant une heure comme s'ils n'étaient pas capables de faire autre chose que de gribouiller tout seul dans leur coin.

Après cette visite peu concluante, je téléphonai à la mairie. Une personne spécifique s'en occupait. Elle était très à l'écoute. Je lui demandai des renseignements sur les cours de danse ou de tennis mais elle me répondit qu'il fallait qu'elle se renseigne. Elle n'osait pas dire le mot autiste et employait tour à tour « différent » ou « extraordinaire ». Je la mis à l'aise en lui expliquant que ce n'était pas un gros mot.

Elle me proposa de le mettre au sein de leur « projet d'accueil d'enfants différents » où étaient mélangés des autistes, des enfants en fauteuil roulant, des dyspraxiques, des aveugles. Des cours qui se déroulaient seulement pour les vacances scolaires.

Si nous voulions faire autrement, elle m'expliqua qu'elle devait elle-même contacter les présidents des différentes associations que la municipalité subventionnait pour me permettre d'avoir « un bon accueil ». Tous n'étaient pas « enclins à les intégrer » et « intéressés par la question », d'autres avaient déjà tenté l'expérience et il fallait qu'elle leur demande s'ils étaient prêts à le refaire. Alors en riant je lui avais demandé : « Mais pourquoi n'arrêtez-vous pas de subventionner ceux qui ne veulent pas les accueillir ? » et elle avait eu un rire gêné.

Pourquoi une municipalité subventionnait des associations qui pratiquaient la discrimination ? C'était insensé.

Puis elle me proposa « des cours de karaté ».

« C'est drôle, lui dis-je, les enfants dits normaux choisissent le sport qu'ils veulent pratiquer alors que les nôtres font un sport en fonction des gens qui veulent bien d'eux. » Mais elle ne releva pas et passa à autre chose, promettant de s'en occuper.

Tout de suite après, je tentai le conservatoire municipal qui me répondit qu'« il fallait faire un dossier d'inscription ». Mais lorsque je leur dis que mon fils était autiste, ils m'expliquèrent « qu'ils avaient déjà accueilli des enfants autistes mais que c'était au cas par cas. Et que nous devions rencontrer le directeur avant de faire un dossier mais que cela ne pourrait se faire qu'en juin ».

Il fallait donc pour l'instant miser sur des cours particuliers en essayant juste de trouver quelqu'un d'humainement gentil et de suffisamment pédagogue. Mais cela retirait ce côté « collectif » que je recherchais et dont Ruben avait besoin. En plus, cela coûtait aussi très cher.

Alors il resta sans activité périscolaire pendant toute une année, ce que je trouvais injuste et désolant.

Encore une fois, nous n'avions pas le choix. Je dus moi-même l'initier à la danse et au piano pendant que mon mari lui fit faire du tennis et du basket.

Au bout du compte, je devais revêtir tour à tour les habits d'une AVS, d'une médiatrice, d'une prof de danse ou de piano. Et parfois, j'éprouvais un ras-le-bol immense parce que j'aurais bien aimé qu'on me laisse juste le bonheur d'être sa maman.

Mais peu importent nos efforts, le principal était de permettre à notre fils de se défouler dans un sport, de dépenser son énergie, de travailler sur sa motricité ainsi que de lui permettre d'exprimer ses émotions, son imaginaire ou sa créativité sur une toile ou par un instrument de musique.

J'étais en colère contre le système français qui refusait à nos enfants l'accès aux conservatoires pendant qu'aux États-Unis les enfants autistes ayant montré un don pour les arts étaient incités à pratiquer un instrument. Et il n'y avait pas qu'aux États-Unis où le sport et la culture étaient accessibles aux enfants autistes. En Israël, il existait un conservatoire de musique qui dénichait les virtuoses ; au Canada, des structures spécialisées accueillaient les enfants autistes afin de leur faire pratiquer tous les sports ainsi que de la musique et du théâtre.

Pourquoi n'étions-nous pas capables d'en faire autant ?

Alors qu'il n'était pas si compliqué de créer des structures adéquates ou tout simplement d'adapter les lieux existants aux enfants autistes.

De quoi avaient-ils besoin ?

De la présence d'un éducateur qui applique certaines règles, comme instaurer une routine qui serait toujours la même, énoncer les consignes de façon simple, aménager les temps d'attente, gérer les troubles du comportement s'il y en a, stimuler l'attention de l'enfant, faciliter la communication entre lui, le professeur et les autres, le guider lorsqu'il n'arrive pas à faire ce qu'on lui demande et le complimenter à chaque réussite afin qu'il ait confiance en lui.

Et lorsque je lisais dans la presse, les sorties politiques d'Aurélie Filippetti sur « la culture pour tous » je me demandais pourquoi les politiques n'allaient jamais plus loin que leurs belles paroles.

Je discutais souvent de ces discriminations que subissaient nos enfants avec une amie qui avait un fils autiste. Je l'avais appelée pour lui raconter mes aléas avec les clubs de sport et les conservatoires et elle m'avait répondu que je n'étais qu'« au début du parcours du combattant en matière de discrimination ».

Son fils de 21 ans, après avoir été « viré de l'école » en quatrième, avait suivi des cours par correspondance et obtenu son baccalauréat. Malgré tout, il se retrouvait aujourd'hui sans emploi et vivait toujours avec ses parents comme la plupart des autistes adultes : « Comment pourrait-il en être autrement ? me dit-elle. Il a été discriminé depuis qu'il est tout petit, c'est la suite logique. »

Elle m'expliqua qu'il était « quasi impossible pour les personnes autistes de trouver un travail », malgré la loi handicap et les directives européennes qui obligeaient les entreprises publiques et privées à embaucher des personnes handicapées.

En effet, je savais, que les adultes autistes rencontraient de nombreuses difficultés en matière d'emploi : soit ils n'avaient pas la formation adaptée nécessaire, soit ils avaient des difficultés dans leur communication parce qu'ils avaient toujours vécu en vase clos, soit ils n'étaient pas choisis parce que les employeurs étaient frileux, pensant qu'ils étaient « moins productifs que les autres et que l'aménagement nécessaire à mettre en place leur coûterait trop cher[37] ».

Quelques chanceux trouvaient un emploi dans des sociétés informatiques mais la plupart finissaient à la rue, lors de la mort de leurs parents. Ils ne touchaient même pas le RSA, n'ayant pas les capacités de faire les démarches pour l'obtenir.

Et malgré l'obligation pour les entreprises de plus de vingt salariés d'embaucher 6 % de personnes handicapées grâce à la loi du 10 juillet 1987, renforcée par la loi handicap de 2005, les patrons d'entreprises préféraient payer une « contribution » plus importante à l'Agefiph[38] que d'embaucher des handicapés.

L'obligation était la même pour la fonction publique et un Fonds pour l'insertion des personnes handicapées avait même été créé sur le même modèle.

Mais malgré tout un arsenal juridique : loi sur le handicap, directive européenne[39], Convention de l'ONU de 2008[40], Plan

37. Rapport du Commissaire aux droits de l'homme,Conseil de l'Europe, voir la directive 2000/78/CE qui incite les États membres à respecter un cadre général en faveur de l'égalité de traitement en matière d'emploi et de travail des personnes handicapées.

38. L'Agefiph (1987) est une association de gestion du fonds pour l'insertion professionnelle des personnes handicapées dont la mission est l'insertion professionnelle et le maintien dans l'emploi des personnes handicapées dans les entreprises privées. Elle gère la contribution des entreprises, finance des projets, crée un réseau de professionnels… Depuis 2013, elle contrôle la déclaration annuelle obligatoire d'emploi des travailleurs handicapés.

39. La directive européenne prévoit de favoriser l'égalité de traitement en matière d'emploi et de travail. Cette directive a été adoptée par le Conseil de l'Europe en novembre 2000.

40. La convention de l'ONU de 2008 stipule la non-discrimination et l'insertion sociale des personnes handicapées.

d'action 2006-2015 du Conseil de l'Europe[41] qui garantissait le droit des handicapés, cela ne changeait rien dans la vie de nos enfants autistes parce que les lois n'avaient pas été accompagnées de mesures concrètes, de vastes campagnes de sensibilisation et de sanctions suffisamment dissuasives.

Et nos patrons d'entreprise français n'avaient pas la même vision qu'à l'étranger où les autistes de haut niveau et Asperger étaient recherchés et recrutés pour leurs talents uniques et leurs capacités hors norme. Cela résultait sans doute de la vision différente qu'ils avaient sur ce handicap.

En effet, en Allemagne, au Danemark, aux États-Unis et en Inde, des multinationales ou des sociétés d'informatique, comme SAP, comptaient « plus d'1 % d'autistes[42] » dans leur équipe. Une société, The Specialists, avait même été créée afin de fournir des consultants autistes de haut niveau à des entreprises comme Microsoft.

En France, il n'y avait pas eu de « sensibilisation et de formation des employeurs, des prestataires de services et des fonctionnaires » comme le recommandait pourtant le rapport du commissaire européen aux droits de l'homme.

Et tant qu'un chef d'État n'aura pas l'ambition politique nécessaire de faire appliquer la loi handicap dans toutes les sphères de la société, les discriminations envers les personnes autistes continueront.

Alors en attendant, nous, parents d'enfants autistes, nous devions continuer à sensibiliser l'opinion publique, faire des

41. Le plan d'action 2006-2015 du Conseil de l'Europe encourage la promotion des droits et de la pleine participation des personnes handicapées à la société.
42. Roviro Torres (Florencia), « Ils recrutent des autistes pour être plus compétitifs ». À lire sur le site www.rue89.com

actions chocs et du lobbying auprès des politiques et des entreprises ; ne pas avoir peur de porter plainte contre chaque Fédération, chaque club de sport, chaque conservatoire, chaque école, chaque employeur… qui pratiquait la discrimination.

Et la liste était longue.

Peut-être était-il temps aussi de créer un mot générique contre les discriminations envers les autistes : « l'autismophobie » en prenant exemple sur l'expression créée en 1980, *ableism*, un mot plus généraliste, qui avait permis de faire reculer les discriminations envers les personnes handicapées aux États-Unis.

Et même si ce combat me semblait difficile à gagner, je me sentais obligée de le mener pour l'avenir de mon fils et de tous ces enfants, pour toutes ces autres générations qui suivraient afin qu'elles ne soient pas de nouveau sacrifiées par le manque de courage de nos dirigeants.

XXX : Du manque de formation aux jugements sectaires

Durant ces trois dernières années, Ruben n'avait pas seulement souffert de discrimination, il avait été confronté à des situations délicates ou traumatisantes, dues à un manque de formation de nombreux professionnels qui ne savaient pas comment se comporter face à un enfant autiste. Pendant que nous, nous subissions le jugement de « ces experts » sur notre capacité à être « des parents modèles » d'après les critères psychanalytiques.

Comme ce jour où Ruben enleva sa ceinture de sécurité pendant que mon mari conduisait. J'étais assise à l'avant et même si je demandais à mon fils de remettre sa ceinture en lui expliquant que c'était dangereux, il ne m'écoutait pas et faisait une crise parce que nous n'avions pas choisi le chemin qu'il voulait nous voir prendre. Nous décidâmes alors de nous arrêter pour le calmer mais une voiture de police nous arrêta avant même que nous ayons eu le temps de le faire.

Avant que je puisse lui expliquer quoi que ce soit, le policier commença un monologue sur l'importance de la sécurité en voiture, ce qui était bien normal.

Après avoir acquiescé, je tentai de lui dire discrètement ce dont souffrait notre fils. Je lui confiai que Ruben présentait des troubles du développement associés à des troubles sensoriels et que, lors de ses crises, il enlevait sa ceinture, ne supportant pas d'être attaché. La carte pour handicapé n'était pas encore arrivée mais j'avais une attestation dans mon sac et je la lui montrai.

Mais malgré mes explications, le policier qui n'avait pas dû entendre parler de l'autisme se mit à hurler sur mon fils afin qu'il se taise. Et c'était exactement ce qu'il ne fallait pas faire.

Mon fils cria encore plus fort.

Je dis au policier qu'il allait aggraver sa crise s'il continuait à hurler. Mais il persista et je finis par m'énerver.

Il me demanda de descendre de la voiture et je lui réexpliquai en détail ce qu'était le handicap de mon fils. Son collègue finit par lui dire qu'il avait vu une émission sur le sujet et, qu'en effet, ce que je disais lui paraissait vraisemblable.

Finalement, il nous annonça que nous pouvions partir et ne nous fit payer aucune contravention. Mais avant de nous laisser, il regarda sévèrement mon mari, en lui lançant que le vrai problème de notre fils venait de son manque d'autorité. Et que tous les enfants devaient être tenus afin de respecter les règles et corrigés de manière forte quand il le fallait : « Une bonne fessée ne lui ferait pas de mal » avait-il ajouté. Nous le remerciâmes malgré tout de ne pas nous avoir mis d'amende mais je me disais qu'il n'avait sans doute rien compris à mes explications. Et comme en témoignèrent mes amis policiers, sa réaction se comprenait parce qu'aucune formation sur l'autisme ne leur était donnée.

Mais ce discours sur « l'importance de l'autorité paternelle » nous fut également tenu chez un pédiatre, quelques mois plus tard.

Ruben semblait avoir la rougeole, il était couvert de plaques rouges, souffrait beaucoup et avait plus de 39 °C de fièvre. Notre pédiatre ne travaillait pas ce jour-là et j'allai dans un hôpital des Hauts-de-Seine.

Ruben ne voulait pas montrer sa gorge au médecin et, tout à coup, le pédiatre se mit à crier violemment en montant sur lui à califourchon, le forçant à ouvrir la bouche. Mais non seulement il ne réussit pas à voir sa gorge mais en plus, il le blessa. Je le poussai fortement en le traitant de cinglé. Ruben pleurait, la bouche en sang.

Et de la même façon, ce pédiatre assena à mon mari la fameuse réplique : « Avec les enfants, Monsieur, il faut de l'autorité et vous en manquez. Il faut savoir se montrer parfois brutal pour se faire respecter. C'est cela être un bon père. »

Comment un pédiatre pouvait-il se comporter de la sorte ayant eu entre les mains le dossier médical de Ruben indiquant qu'il présentait des troubles du développement ? Et de quel droit jugeait-il notre façon de l'élever ?

Nous étions partis de son cabinet en claquant la porte et en espérant que ce crétin n'avait pas traumatisé notre fils.

Il nous fallut appeler un urgentiste qui vint à la maison. Je lui racontai l'incident qui venait d'avoir lieu avec l'autre médecin. Il m'expliqua que la formation sur l'autisme pendant leurs années d'étude était très courte et surtout qu'« il y avait des cons partout ». Il me dit de ne pas m'inquiéter. Il avait déjà travaillé avec des enfants autistes. Il ne fit rien d'extraordinaire, simplement jouer au docteur avec Ruben pendant quelques minutes et lui expliquer en détail, ce qu'il allait lui faire. Mais cela avait suffi à rassurer Ruben et la visite médicale se déroula sans problème.

Cet épisode malheureux nous apprit qu'il suffisait d'une petite chose pour déclencher une crise tout comme pour l'éviter et que les médecins comme les policiers devraient recevoir une formation pour accueillir au mieux nos enfants.

Mais si mon mari avait été accusé d'un manque d'autorité à plusieurs reprises, me concernant c'était tout autre chose.

Tout au long de mon parcours de maman, on m'avait reproché d'aimer trop mes enfants, de trop les couver, de les avoir allaités tardivement, de m'inquiéter plus que je ne le devrais lorsqu'ils étaient malades, de ne pas être une « maman avec de la distance » mais plutôt une « copine qui partage tout ».

Lorsque mon fils ne parlait pas, son pédiatre m'avait reproché « d'être une mère au foyer », « d'être trop fusionnelle et de bloquer son envie de parler » et lorsque je m'étais remise à travailler pendant quelques mois, le même médecin m'avait culpabilisée en me disant « de ne pas être assez à la maison pour stimuler son langage ».

J'avais aussi entendu que le fait d'être présidente d'une association de victimes faisait que je ne pouvais pas être assez disponible et à l'écoute de mon fils.

Ensuite, lors de nos séances de psychanalyse, Mme C*** m'avait posé des questions au sujet de mes relations parfois conflictuelles avec ma mère, m'expliquant que cela était peut-être à l'origine du silence de mon fils.

Puis lorsque je devins l'auxiliaire de vie scolaire de Ruben, une psychologue m'expliqua que mélanger mon rôle de mère, de médiatrice et d'AVS n'était « pas bon pour son équilibre psychique et émotionnel ».

Après, il y eut des choses plus violentes comme lorsqu'on me reprocha en riant « de le castrer » ou lorsqu'une orthophoniste me déclara que « j'étais typiquement une mère juive excessive dont le féminisme devait écraser la virilité de mon fils et l'empêcher de parler ».

Mais je n'étais pas la seule maman incriminée, je lisais de nombreux témoignages de femmes qui racontaient la même chose. Les mamans étaient coupables de tout, même du handicap de leur enfant et cela était la pire chose qu'une mère pouvait entendre.

Peu de gens connaissaient les théories psychanalytiques dépassées de Kanner, reprises par Bettelheim, et de Lacan, et leurs fameuses réflexions sur « les mères réfrigérateurs ou les mères fusionnelles, responsables en partie de l'autisme de leur enfant ». Pourtant, toute la société française était pétrie de cette image de mère coupable, alimentée par certains pédiatres médiatiques comme Aldo Naouri qui continuait de faire vivre le mythe.

Mais les mères n'avaient pas besoin de toutes ces théories pour se sentir coupables. Depuis notre grossesse, nous étions culpabilisées par notre gynécologue de ne pas manger de façon équilibrée, de trop grossir ou pas assez, de ne pas arrêter de fumer, d'être trop stressée… Et lorsque l'enfant naissait, le chemin de la culpabilité suivait son cours. Cependant, lorsque l'enfant était autiste, tous ces doutes et ces angoisses de mère s'intensifiaient. Qu'avions-nous mal fait ? Et si les souffrances de notre enfant venaient de nous ?

Et au lieu de nous rassurer afin de nous expliquer que l'autisme n'est pas un trouble psychique causé par la mère, certains médecins, fascinés par ces théories d'un autre âge, appuyaient bien fort sur ce sentiment de culpabilité des mères.

Les femmes les plus isolées tombaient dans de graves dépressions. Et je ne sais combien de mères en foyers monoparentaux ou divorcées m'avaient appelée en larmes parce qu'un médecin avait rejeté la cause du handicap de leurs enfants sur l'éducation et le cadre de vie qu'elles leur avaient donnés. Et ces mamans terminaient toujours par me dire : « Après tout, ce sont des médecins, ils savent. Peut-être ont-ils raison et que c'est ma faute ? »

Je comprenais si bien ce qu'elles ressentaient. Parce que même si j'étais mariée, je me sentais parfois tellement impuissante et fragile face au handicap de mon fils que j'étais prête à endosser toutes les peines.

Et je me disais que finalement, aux yeux de certains, les mères restaient cette Ève des temps modernes assignée à endosser toutes les fautes du péché originel y compris le handicap de leur enfant.

XXXI : La grande école

Après une maternelle qui avait prouvé que nous avions raison de croire au potentiel de notre fils, Ruben pouvait aller à la grande école et entrer en CP, l'équipe éducative ayant validé son passage. Tout comme l'année précédente, il irait à l'école le matin et pourrait continuer ainsi ses différentes séances d'orthophonie et de stimulation cognitive les après-midi.

Mais le problème était toujours le même : trouver une auxiliaire de vie scolaire.

Élise, la psychologue qui venait à la maison, accepta bon gré mal gré de l'accompagner à l'école, deux matinées par semaine, mais je devais faire le reste. Et n'ayant pas de statut officiel, je me demandais si cet établissement scolaire accepterait cette solution. J'étais très inquiète.

Je rencontrai l'équipe éducative en présence d'Élise et des différents thérapeutes de Ruben. La directrice était prête à tout mettre en œuvre pour que la scolarité de notre fils se passe au mieux et elle accepta que je sois son auxiliaire de vie scolaire, deux jours par semaine.

Tout en préparant l'entrée de Ruben au CP, je continuais de gérer personnellement quelques dossiers de victimes au sein de Paroles de femmes. Nous avions beaucoup de femmes en foyers monoparentaux, qui se trouvaient dans des situations inextricables : elles n'avaient pas d'AVS pour la rentrée, elles n'arrivaient pas à s'en sortir financièrement, elles refusaient l'orientation de leurs enfants en IME…

Alors je pris la décision de faire une pétition intitulée « Dis maman c'est quand qu'on va à l'école ?[43] », accompagnée d'un clip où l'on entendait la petite voix de Ruben qui répétait en boucle la phrase qu'il m'avait dite un an auparavant : « Pourquoi pas moi ? »

Cette pétition fut publiée dans *L'Express* et déclencha toute une série d'articles de presse, d'émissions de radio et de télévision comme *Le Grand Journal* sur Canal plus.

À chaque article, je recevais des tonnes de messages de parents qui vivaient la même chose. Nous formions même un groupe sur Facebook.

Après l'avoir fait signer par plus de deux mille personnes, je téléphonai à des personnalités politiques et à de nombreux artistes afin de les sensibiliser. François Hollande, Arnaud Montebourg, Anne Hidalgo, Rama Yade, Hervé Morin, Francis Perrin, Sandrine Bonnaire, Monica Bellucci, Thomas Dutronc, Audrey Dana et Jean-Paul Rouve y furent très sensibles et signèrent la pétition ; mais celui qui m'étonna vraiment fut Jean Dujardin.

43. Pétition avec l'association Apte Autisme, parue dans *L'Express* le 20 septembre 2011.

Il venait de gagner son Oscar aux États-Unis et j'avais peur qu'il se montre différent de celui que j'avais croisé, il y a quelques années. Je lui laissais un message et il me rappela de suite, me donnant rendez-vous au studio Harcourt. En pleine interview avec des journalistes, il m'interpella en leur demandant de patienter. Il me demanda de m'asseoir près de lui sur le canapé afin d'en parler. Il écoutait toutes mes explications et se montra très touché par cette cause. Il signa la pétition en me demandant de le tenir informé. Et promit de nous aider.

Je partageais ainsi mes journées entre l'association et la rentrée de Ruben qui approchait à grands pas.

Enfin, Ruben fit son entrée au CP. Il mit quelques minutes à accepter que sa maîtresse soit un maître, mais le contact entre lui et M. Sel fut immédiat.

C'était un professeur passionnant qui entrecoupait ses phrases de mots latins et qui allait bien au-delà des leçons de CP en initiant les enfants à la préhistoire ou aux civilisations grecques et égyptiennes.

Tout au début, il ne savait pas comment s'y prendre avec Ruben et je le voyais parfois hésiter avant de gommer un travail mal fait sur son cahier. Mais je le mis à l'aise en lui disant qu'il devait le traiter de la même façon que les autres et que mon fils réagirait très bien. Il veillait par ailleurs à le faire participer au maximum à la vie de la classe.

Ruben avait confiance en lui et avait réussi à trouver sa place au sein du groupe.

Tout se passait pour le mieux lorsqu'Élise, en plein milieu d'année, nous quitta pour repartir dans sa région.

Je dus de nouveau devenir son AVS mais cette fois-ci à temps plein, tout en continuant à chercher une remplaçante. Et l'enseignante référente, l'inspectrice, la directrice ainsi que le maître acceptèrent la situation, privilégiant l'avenir d'un petit garçon à la rigidité de l'institution.

Ruben m'étonnait de plus en plus. Il apprit la lecture en trois jours. Il comptait jusqu'à trois cent sans que j'aie eu besoin de lui apprendre. Je m'étais contentée d'afficher une grande pancarte de nombres dans sa chambre et il avait tout mémorisé. Il maniait les additions et les soustractions comme un jeu. Il adorait les poésies qu'il apprenait en quelques minutes. Et il écrivait de mieux en mieux avec un don particulier pour l'orthographe grâce à une mémoire visuelle inépuisable.

Ses difficultés se situaient dans tous les apprentissages abstraits : Les problèmes de maths, la géométrie, la compréhension des histoires.

La communication directe avec les autres enfants dans la cour était toujours difficile et il avait parfois besoin d'aide pour comprendre les règles d'un nouveau jeu. Mais à la fin de l'année, il jouait avec eux, se retournant de temps en temps vers moi pour être rassuré.

Je continuais à travailler avec lui chaque soir sur des fiches très visuelles que je lui avais fabriquées et qui résumaient chaque notion que le maître d'école abordait. Par exemple, il y avait une fiche pour apprendre la différence entre le singulier et le pluriel, une autre pour le masculin et le féminin et encore d'autres pour les sorties scolaires. En tout, il y avait une cinquantaine de fiches et ce matériel lui permettait de mémoriser tout plus facilement. Mais je ne comprenais pas pourquoi tous les parents que je connaissais étaient obligés de créer eux-mêmes ces outils. Il n'existait aucun manuel scolaire adapté aux enfants autistes.

À la longue, Ruben avait tellement pris l'habitude de cette méthode de travail que lorsqu'il ne comprenait pas une nouvelle notion, il se mettait tout seul à l'ordinateur afin de fabriquer lui-même une nouvelle fiche.

Il devenait de plus en plus autonome, indépendant et sûr de lui. Il me disait parfois de le laisser tranquille, qu'il était grand et qu'il n'avait pas besoin de moi. Et dans ces circonstances, il n'y avait rien qui me fit plus plaisir. Il se mettait sur le canapé et recherchait des musiques qu'il avait entendues. Il savait manier tous les sites de téléchargement et transférer ses vidéos préférées du téléphone portable à l'ordinateur, sans que je n'y comprenne rien moi-même. Tous ces chemins informatiques n'avaient aucun secret pour lui. Et c'est ainsi qu'il envoya un texto avec une vidéo dans laquelle il chantait à tout mon carnet d'adresses.

Il parlait de mieux en mieux et possédait un stock lexical important. Il construisait enfin des phrases compréhensibles par tout le monde, même si de temps en temps, il confondait le « je », le « tu » et le « vous ».

Ruben évoluait chaque jour un peu plus. Plus il grandissait, plus il était curieux de tout. Il s'émerveillait et transformait les choses que nous trouvions naturelles et banales en de merveilleuses découvertes.

Il n'aimait toujours pas que l'on change ses habitudes mais je faisais exprès de le faire afin d'assouplir son côté parfois rigide. Et comme il savait que je le provoquais, il me disait avec son petit sourire en coin : « Bonne blague maman, bonne blague. »

Malgré ses progrès, il y avait encore des choses sur lesquelles nous n'avancions pas beaucoup : Il était toujours aussi difficile de lui couper les ongles et les cheveux. Et parfois, je devais attendre qu'il s'endorme pour aller à pas de loup et dans l'obscurité, lui couper sa frange trop longue. Nous n'arrivions pas non plus à l'emmener chez le dentiste et cela devenait problématique ; en France, il n'y avait aucun « dentiste spécialiste » qui savait gérer les enfants autistes. Il continuait à jouer de façon répétitive mais ces moments duraient moins longtemps qu'avant et semblaient lui permettre de libérer toute l'énergie qu'il avait dû contenir toute la journée. Il faisait tant d'efforts de concentration à l'école et pour ses séances d'orthophonie qu'il avait sans doute besoin de ces jeux pour évacuer. Alors nous le laissions faire en les limitant dans le temps.

La semaine était aussi ponctuée d'une ou deux crises qu'il ne faisait qu'à la maison. Il avait bien compris la différence et ne montrait plus aucun comportement inapproprié dehors. Et dans ces moments-là, je m'armais de patience et de courage même si cela se finissait avec un ordinateur cassé ou quelques cadres brisés. J'essayais de le contenir et de le détendre en utilisant des routines de relaxation. Puis, après, une fois que l'ouragan était passé, nous parlions de ce qui venait d'arriver. Je le laissais venir à moi et lorsqu'il était prêt, il passait ses bras autour de mon cou et me disait : « Pardon maman, je t'aime » et il s'asseyait sur mes genoux pour discuter. C'était impressionnant, en l'espace de dix minutes, il passait d'une crise à un calme olympien.

Tout cela était difficile à vivre au quotidien mais nous avions déjà gagné tellement de batailles contre son handicap que nous avions bon espoir pour le reste.

Ruben avait aussi un humour bien à lui que nous étions parfois les seuls à comprendre. Il aimait changer les expressions comme « mi-figue, mi-raisin » qui devenait « mi-pomme, mi-poire ». Il disait qu'il aimait « brouiller les mots » et ses phrases me rappelaient parfois les poèmes d'André Breton.

Ruben aimait aussi donner des prénoms aux gens dans les magasins, en fonction des films pour enfant qu'il voyait ; la caissière devint ainsi Garfield pour un temps, la grosse boulangère Beethoven ; jusqu'au jour où il nomma une vendeuse Sylvie. Étonnée, je demandai à Ruben pourquoi il l'appelait ainsi et il me répondit en riant que c'était écrit sur son badge.

J'aimais aussi sa façon d'aborder les choses plus abstraites comme l'existence de Dieu. Un samedi matin, il s'était réveillé et précipité à la fenêtre pour voir le temps qu'il faisait.

« Il pleut, oh non ! Je voulais aller au manège. Je veux qu'il fasse beau pour mettre mon short.

— Ruben, j'essaye de réaliser tout ce que tu me demandes mais là, désolée, je ne peux rien faire, lui avais-je dit en l'embrassant.

— Mais qui décide de la pluie ? » avait-il demandé.

Ne sachant quoi répondre, je lui avais expliqué que c'était un monsieur qui habitait dans le ciel et que certains appelaient Dieu.

« Bon, alors je peux lui parler ?

— Oui, regarde vers le ciel et demande-lui qu'il fasse beau mais c'est sans garantie, il est assez capricieux et parfois un peu sourd. »

Il s'était mis devant la fenêtre et avait dit en élevant la voix :

« Peux-tu, s'il vous plaît, faire du soleil cet après-midi, je veux aller au parc en short, merci. »

Puis il s'était retourné vers moi :

« Il est comment ce monsieur, maman ?

— Je ne sais pas vraiment mais il est peut-être grand avec une barbe.

— Bon, alors je l'appellerai Monsieur Moustache. »

Et c'est ainsi qu'à chaque fois que Ruben voulait du beau temps, il s'adressait là-haut à Monsieur Moustache.

Mais malgré tous ses progrès, je ne savais toujours pas à quoi il rêvait. C'était trop abstrait pour qu'il puisse m'en parler. Alors tout comme pour Dieu, j'essayais de matérialiser tout ce monde d'abstraction pour qu'il n'y ait plus aucune barrière qui nous sépare.

La fin de l'année scolaire approchait et Ruben passa ses évaluations comme les autres enfants de sa classe. Il les réussit avec succès, Ruben étant l'un des meilleurs de sa classe. Le maître n'arrêtait pas de me dire : « Essayez de vous détendre, vous stressez plus que lui », et il avait raison. Mais les enjeux de ces évaluations n'étaient pas les mêmes que pour les autres enfants. Un échec pouvait mettre fin à sa scolarisation et pousser l'équipe éducative à demander son orientation vers un institut spécialisé. Je ne sais pas si le professeur réalisait véritablement qu'il y avait une épée de Damoclès qui pèserait toujours sur l'avenir de mon fils comme sur celui de tous les enfants handicapés qui vont à l'école.

Une semaine plus tard, lorsque je vis la directrice entrer dans la classe avec un grand sourire et remettre à Ruben son livret avec la mention « Passage en CE1 accepté », en le félicitant devant les autres élèves, ce fut une immense récompense. Ruben avait les yeux pleins d'étoiles et regardait ses copains avec fierté. Elle me dit que je le méritais tout autant que lui et à ce moment-là, je les aurais bien embrassés tous les deux pour les remercier de leur confiance et de cette année d'immense bonheur.

En rentrant à la maison, je pensais à tous ces médecins, pédiatres, pédopsychiatres et psychanalystes que nous avions rencontrés et qui ne nous avaient donné aucun espoir, nous laissant entendre que notre fils avait sa place plutôt à l'hôpital qu'à l'école. J'avais envie de leur jeter ce livret au visage afin de leur prouver que la place de mon fils serait toujours à l'école parmi les autres enfants de son âge.

XXXII : De guerre lasse

« Si la psychanalyse reste figée sur son passé, elle restera une philosophie de l'esprit, une poétique, mais certainement pas une science. »
Eric Kandel, neurobiologiste américain, prix Nobel de médecine

Peu importe ce que nous avaient dit ces « spécialistes », ils s'étaient trompés.

Heureusement que nous ne les avions pas crus comme ma mère l'avait fait avec mon frère. Si nous les avions suivis, où en serait Ruben aujourd'hui ?

La psychanalyse ne servait à rien dans le traitement de l'autisme et la Haute Autorité de santé l'avait enfin désavouée en mars 2012, au profit des méthodes comportementales. Une décision qui avait été ressentie par les familles comme une grande victoire, mais par les psys comme une déclaration de guerre.

C'était pourtant un juste retour des choses. Eux qui avaient régné et triomphé pendant toutes ces années, en imposant la psychanalyse comme seule méthode dans le traitement de l'autisme, se prenaient en pleine figure le boomerang de leur suffisance.

Mais malgré ce désaveu, les psychanalystes n'étaient pas prêts à déposer les armes. Certains d'entre eux fondèrent un mouvement de résistance, un sombre « Collectif des 39 contre la nuit sécuritaire » soutenu par des partis politiques de gauche dont je ne comprends toujours pas la motivation. Ils déposèrent également un recours au Conseil d'État, exigeant le retrait des recommandations de la Haute Autorité de santé. Leur objectif : ralentir le nouveau plan autisme et la progression des méthodes comportementales afin de garder la mainmise sur l'autisme, marché lucratif de premier ordre. Cette guéguerre ridicule, sublimée par le documentaire censuré *Le Mur* de Sophie Robert, n'a cessé de grandir depuis, prenant en otage des familles qui n'ont pas de temps à perdre dans des guerres idéologiques.

Et même si l'expérience que j'ai vécue avec mon fils m'a permis de voir que le cumul de plusieurs méthodes comportementales a marché, sortant Ruben du mutisme et le guidant jusqu'à devenir un petit garçon presque comme les autres, je refuse d'entrer dans cette guerre de territoire qui nous fait oublier notre véritable combat : la guérison de nos enfants. Et puis au cours de mon parcours du combattant, j'ai vu des usines à fric qui s'appelaient « supervision en méthodes comportementales », des psychologues ABA à la formation restreinte, qui s'étaient montrées brutales avec mon fils. Non pas parce que l'ABA n'était pas une bonne méthode mais parce qu'elles n'avaient pas été formées et ne savaient pas la pratiquer. Et en face, j'ai vu d'autres usines à fric à quatre-vingts euros la séance de psychanalyse où des théories fumeuses me furent servies sur le dos de ma culpabilité de mère « fusionnelle ».

Alors, que sommes-nous censés faire ? Continuer à polémiquer pour savoir qui a raison ou qui a tort ? Cracher d'un côté sur les freudiens et lacaniens et de l'autre cracher sur les méthodes comportementales qui seraient « des techniques de dressage », selon le psychiatre Hervé Bokobza[44] ?

Non, tout cela est puéril et contre-productif.

Mais je comprends l'exaspération et la colère des familles lorsque certains psychanalystes, du haut de leurs études et de leurs élucubrations prétentieuses, installés dans leurs confortables cabinets des beaux quartiers, ont l'aplomb de dire à ceux qui vivent dans leur chair l'autisme au quotidien, qu'ils sont les seuls à détenir la vérité.

Surtout de quelle vérité parlent-ils au juste ? Sont-ils capables aujourd'hui de nous dire à quoi est dû l'autisme ? Sont-ils capables de nous donner le chiffre du nombre d'enfants qu'ils ont guéris et qui mènent aujourd'hui une vie normale ? Ont-ils réussi à les socialiser, à les faire accéder au savoir, à l'éducation, à la culture, à un emploi, à une vie de famille ? Peuvent-ils nous montrer les témoignages d'enfants qui s'en sont sortis grâce à la psychanalyse ? Pourquoi n'ont-ils jamais entrepris une étude comparative entre méthode psychanalytique et comportementale ? Pourquoi ne tiennent-ils pas compte des avancées scientifiques, des « Guides de bonnes pratiques internationaux » élaborés par des comités scientifiques, des témoignages d'enfants autistes qui disent eux-mêmes avoir été sauvés par les différentes

44. Quinti (Manon), « Autisme : "Les psychanalystes vont entrer en résistance" », *L'Express*, 18 mars 2012.

méthodes comportementales ? Pourquoi se raccrochent-ils à ces héros de la psychanalyse, morts il y a des décennies ? Ces héros qui auraient peut-être eu le courage qu'ils n'ont pas de remettre en perspective leurs théories les confrontant aux avancées scientifiques ?

J'ai fait la démarche de rencontrer des psychanalystes pour l'écriture de ce livre et je dois avoir l'honnêteté de dire que nous ne pouvons pas tous les mettre dans le même sac et que certains ont reconnu humblement « qu'ils ne détenaient pas la vérité et qu'ils essayaient d'aider les enfants autistes au mieux ».

Mais aider les enfants autistes, ce n'est pas les observer pendant qu'ils jouent ou les laisser végéter dans des IME, ce n'est pas leur faire ingurgiter des neuroleptiques afin d'embuer leur cerveau. Ce n'est pas leur fermer la porte de notre monde, en jetant la clé dans l'immensité de leur inconscient en espérant qu'un jour ils finissent par la trouver.

Puisque personne ne peut soigner l'autisme, pourquoi la place d'un enfant autiste serait-elle à l'hôpital ? L'hôpital est un lieu de soins non un lieu d'éducation et c'est d'éducation, même de rééducation dont ils ont besoin.

Aider ces enfants autistes, c'est pouvoir leur donner des outils afin de faire émerger leur intelligence et leurs compétences ; c'est les aider à s'intégrer socialement à l'école et sur leur lieu de travail ; c'est leur donner le moyen de communiquer avec leur famille et le reste du monde ; c'est les aider à apprendre à dire « je t'aime » et à le ressentir ; c'est enfin les aider à se construire un avenir et à devenir des citoyens à part entière. Et ce sont les méthodes éducatives et cognitives qui permettent aux enfants autistes d'y parvenir ou en tout cas d'essayer de le faire.

Mais les aider, c'est surtout croire en eux. C'est sans doute cela qui sépare d'un côté les psychanalystes et les autres. Et c'est cela qui fait toute la différence. Comme le dit très justement l'écrivaine Martina Charbonnel : « Les pionniers tels que Sigmund Freud, Carl Jung, Bruno Bettelheim ou Françoise Dolto, qui ont assis l'autorité de la psychanalyse, n'ont sans doute pas mesuré à quel point l'âme humaine ne se laissait apprivoiser que par des êtres d'exception dont la force thérapeutique s'appuie (entre autres) sur quelque chose qui ressemble à de l'amour. »

Aucune méthode que j'ai utilisée avec mon fils n'a été un « dressage ». Ces méthodes m'ont juste donné les clés pour déchiffrer son mode de fonctionnement et l'amener à comprendre le nôtre. J'ai joué avec lui, beaucoup parlé toute seule avant qu'il arrive à me répondre. J'ai expliqué, traduit, interprété. J'ai guidé ses premiers pas sur notre sphère. Et je lui ai fabriqué des outils afin qu'il puisse passer plus facilement de son monde au nôtre.

Aucun psychologue comportementaliste ne m'a dit détenir « la vérité suprême », des pouvoirs magiques ou ne m'a promis la guérison totale de mon fils. Ces comportementalistes se sont contentés de lui donner les moyens de progresser à son niveau et à son rythme, tout en l'aidant à abandonner peu à peu ses îlots de fragilité. Et c'est grâce à la bonne pratique de ces méthodes, à l'amour de son entourage, à la scolarisation et aux efforts de tous que le miracle est devenu possible.

Ce miracle-là, aucun psychanalyste ne me l'avait fait entrevoir.

Mais les choses peuvent changer. Je veux y croire. Alors pourquoi ne pas réunir tout le monde autour d'une table afin d'avancer ensemble avec humilité et sagesse pour le bien-être de nos enfants ?

Cela serait peut-être plus utile et respectable pour la recherche sur l'autisme que de se déverser dans les médias traitant avec mépris les associations de parents et en ajoutant que « c'est une horreur absolue d'avoir un enfant autiste[45] » à l'instar d'un psychiatre dans une interview écrite. Des propos auxquels j'avais réagi parce qu'au-delà de la guerre comportementaliste/psychanalyste, son discours était truffé d'inepties et de préjugés. Ce médecin stigmatisait non seulement les parents et caricaturait les méthodes ; mais, en plus, sa phrase sur les enfants autistes me rappelait un temps obscur où les enfants handicapés furent gazés les premiers parce que considérés comme inutiles et coûteux à la société.

J'ajoute toutefois que ces propos ne sont pas représentatifs heureusement de la majorité des psychiatres.

Mais je refuse de continuer à perdre le temps de nos enfants à répondre à ce genre de provocation, à écrire des pétitions pour qu'enfin les méthodes comportementales soient reconnues, alors qu'il y a des milliers de témoignages dans le monde de scientifiques, de familles et d'autistes eux-mêmes qui ont démontré leur efficacité !

N'est-il pas temps de laisser derrière nous ces vieilles querelles et cette guerre idéologique dans laquelle les parents sont devenus à la fois des otages et des cibles et de faire avancer

45. *Ibid.*

ensemble la prise en charge de l'autisme en France une fois pour toutes !

Mais même si cette guerre ne fait que ralentir les choses, je pense que le retard accumulé tout au long de ces années est aussi le résultat d'une politique frileuse et sans vision qui n'ose pas croire à la guérison possible de nos enfants.

XXXIII : La politique de l'autruche

« Il y a dans notre France, sur les problèmes vitaux, une inertie de la pensée, une somnolence de l'esprit qui nous exposent à toutes les surprises jusqu'au jour où se produisent ces lumineux réveils qui viennent heureusement, quoique à de trop longs intervalles, sauver notre pays. »

Jean Jaurès

Nos chers dirigeants sont toujours pleins de bonnes intentions en campagne électorale, la bouche dégoulinante de miel et de promesses et une fois arrivés au sommet, que d'immobilisme, de frilosité et d'incompétence !

Nous avons eu la chance de voir la droite et la gauche en action. Les uns qui avaient placé l'autisme au premier plan en le faisant accéder à la marche ultime, le labellisant : « grande cause nationale » et les autres qui avaient fait de l'autisme une priorité faisant émerger un « troisième plan ».

Malheureusement toutes les promesses rassemblées sous l'énorme mensonge intitulé : « Grande cause nationale » n'avaient pas été tenues et le troisième plan s'annonçait mal.

Les familles étaient à bout. L'autisme était bien trop longtemps resté dans les tiroirs des différentes présidences. Il y avait trop de souffrances, de larmes, de grèves de la faim, de suicides, d'exil pour que les hommes et femmes politiques de ce pays ne fassent rien.

La France n'avait pas seulement un peu de retard sur l'autisme, c'est comme si elle s'acharnait à utiliser le Minitel pendant que les autres pays surfaient sur des tablettes numériques.

Pourtant, il fallait reconnaître que beaucoup de personnalités politiques, toutes tendances confondues, avaient eu de bonnes intentions. Roselyne Bachelot, Christine Boutin, Nathalie Kozsiusko-Morizet ; les députés UMP et PS Daniel Fasquelle et Gwendal Rouillard qui se battaient quotidiennement pour faire avancer les choses ; ou encore Rama Yade qui avait défendu et diffusé notre pétition sur l'intégration des enfants autistes à l'école tout comme la vice-présidente du Sénat, la députée PS Bariza Khiari. Ils étaient une poignée à se mobiliser pour cette cause. Alors pourquoi, de Nicolas Sarkozy au gouvernement de François Hollande, rien n'avançait vraiment, en tout cas suffisamment pour changer le quotidien des familles et la socialisation des enfants ?

Et lorsque des journalistes m'interviewèrent pour me demander les raisons de cet échec politique, je me replongeai dans l'histoire afin de comprendre pourquoi nous en étions toujours là.

Il y eut tout d'abord la loi généraliste d'orientation en faveur des handicapés du 30 juin 1975 qui stipulait « une nécessité de dépistage, une obligation d'éducation, un accès aux institutions et leur maintien dans un cadre ordinaire de travail et de vie[46] ». L'arrivée de Simone Veil au ministère des Affaires sociales, de la Santé et de la Ville, en 1993, marqua également un tournant : elle mit l'accent sur la mauvaise prise en charge de l'autisme et établit le tout premier « Plan autisme », en avril 1995. Elle annonça alors « l'adoption d'un plan d'action consacré aux personnes autistes, organisé pour cinq ans à l'échelon régional et doté d'environ cent millions de francs[47] ». Et il fallut attendre le 11 décembre 1996 pour qu'une loi relative à l'autisme soit promulguée : les personnes autistes pouvaient désormais bénéficier « d'une prise en charge pluridisciplinaire tenant compte de leurs besoins dans le cadre d'une approche éducative, pédagogique, thérapeutique et sociale[48] ».

Enfin, le 11 février 2005, la loi handicap fut adoptée pour l'égalité des droits et des chances, « la participation et la citoyenneté des personnes handicapées[49] ». Un arsenal juridique complet associé à de nombreuses commissions en faveur de la culture et du handicap, de la lutte contre les préjugés, du logement et d'un « pacte pour l'emploi » initié par Nicolas Sarkozy.

Mais malgré ces annonces, rien n'avait avancé concrètement et les familles s'étaient exilées massivement vers la Belgique où des centres éducatifs existaient déjà : Il y avait plus de trois mille cinq cents enfants et adultes accueillis en Wallonie dans les années 2000[50]. Dans le même temps, d'autres familles avaient

46. Voir le site www.vie-publique.fr
47. Id.
48. Id.
49. Id.
50. Comité consultatif national d'éthique en 2007.

choisi de partir se former aux méthodes comportementales en Suède, en Suisse, aux États-Unis et au Canada…

La condamnation de la France par le Conseil de l'Europe en 2004 fut suivie du « Plan Autisme 1 » grâce auquel de très petites avancées virent le jour comme « la création de centres ressources régionaux afin d'améliorer le diagnostic[51] ». Suite à ce premier plan, l'Europe donna son verdict : la France était toujours en retard de quarante ans. Ce qui déboucha en 2008 sur « un Plan autisme 2 ». Mais, le bilan de Valérie Létard en 2011 était catastrophique, mettant en lumière toute une série de mesures qui « n'avaient pas été appliquées ou même initiées[52] ».

Parallèlement à cette politique désastreuse menée depuis des années en matière d'autisme, en mars 2012 la Haute Autorité de santé lança un pavé dans la mare en désavouant la psychanalyse au profit des méthodes comportementales. Les parents respirèrent en se disant qu'à partir de ce moment-là, rien ne pouvait s'opposer au progrès. Mais c'était mal connaître la France.

Les psychanalystes, furieux s'organisèrent afin de résister. Les psychologues comportementalistes et les associations répliquèrent. Et les parents furent pris entre deux feux.

Alors malgré la recommandation de la Haute Autorité de santé, aucun changement radical ne put avoir lieu.

Et c'est dans ce climat explosif que François Hollande accéda au pouvoir et que Mme Carlotti fut parachutée là par hasard, faute de mieux, au sein de ce ministère, non par conviction ni par compétence en la matière mais pour lui donner une

51. EgaliTED (site), « Les grandes manœuvres du troisième plan » à lire sur le site Agora vox à l'adresse [www.agoravox.fr/actualites/citoyennete/article/autisme-les-grandes-manoeuvres-du-128967].
52. Id., *Ibid.*

chance de gagner la mairie de Marseille et pour la remercier de son soutien pendant la campagne[53].

Dès son arrivée, Marie-Arlette Carlotti prend la décision d'élaborer un « Plan autisme 3 ». Les familles retiennent leur souffle en se demandant si la ministre ira dans le sens de la Haute Autorité de santé. Mais certaines associations laissent fuiter que ce sont seulement « les services administratifs du ministère de la Santé qui participent à l'élaboration », une démarche qui met le feu aux poudres dans le milieu associatif.

Je me rends alors au ministère.

Même si nous nous connaissons très bien, la ministre ne me reçoit pas personnellement et ne daigne pas prendre mes appels. Et je sais pourquoi. Ayant travaillé avec moi, elle connaît ma situation de mère et ma militance et a bien trop peur de ce que je pourrais lui dire. Alors elle botte en touche et demande à son chef de cabinet puis à un conseiller de me recevoir.

Je leur raconte ma propre expérience, le désespoir de certaines familles monoparentales qui ont un enfant handicapé et dont je m'occupe. Ils me posent des questions sur les différentes méthodes qui existent, sur l'intégration scolaire, les associations... Je leur propose mon aide afin de créer une commission avec des familles qui pourraient témoigner de leurs situations et de leurs besoins afin que la ministre soit au plus près de la réalité du terrain. Mais je suis devant des bureaucrates qui prennent des notes et qui n'y connaissent pas grand-chose.

Je sors à chaque fois, un peu plus dépitée. Un ami qui travaille au ministère confirme mes craintes : « La ministre serait à son poste, au mieux, seulement trois jours par semaine, le reste du

53. Pendant l'écriture de ce livre Mme Carlotti perdra les primaires socialistes et toute chance d'accéder à la mairie de Marseille.

temps, elle fait campagne à Marseille. » Je suis assez pessimiste et n'ose rien dire aux familles avec lesquelles nous avons formé un groupe de quatre mille personnes sur les réseaux sociaux ainsi qu'un Collectif.

Et puis c'est la douche froide. À l'occasion de la loi sur la refondation de l'école, le député PS Michel Ménard dépose l'amendement n° 274. Un amendement qui remet en question non seulement l'intégration scolaire des enfants handicapés, mais aussi le droit pour les parents de décider de l'avenir de leurs enfants, laissant cette décision capitale à l'équipe éducative.

Les familles et les associations sont folles de rage. Une pétition est faite par une amie et maman militante, Magalie Pignard, réclamant que cet amendement soit immédiatement retiré. Je lui téléphone et lui propose d'unir nos forces.

Mais comme nous avons besoin de députés afin de nous opposer à cet amendement, je contacte deux femmes de pouvoir, Nathalie Kozsiusko-Morizet et Anne Hidalgo. Seule NKM nous propose de venir à l'Assemblée nationale afin de la rencontrer en présence du député Daniel Fasquelle. De nombreuses familles viennent se joindre à nous, informées par les réseaux sociaux. Cela se transforme en conférence improvisée et les députés prennent la pleine mesure du désespoir des familles.

Je rencontrerai le président de la République dans la même semaine et, grâce à la mobilisation de tous, l'amendement sera retiré.

Un mois plus tard, le « Plan autisme 3 » sera enfin dévoilé par la ministre des Affaires sociales et de la Santé. Évidemment, comme je le redoutais les associations de familles n'ont pas été consultées pour l'élaboration du plan.

Sa présentation devant le milieu associatif est affligeante. Même si les méthodes comportementales sont privilégiées au détriment de la psychanalyse, l'argent destiné aux hôpitaux de jour ne sera malheureusement pas redistribué au profit de la création de centres éducatifs. La ministre souhaite créer des « unités d'enseignements » spécifiques au sein des classes maternelles, ce qui continuera à discriminer les enfants autistes. Enfin, rien de concret n'est annoncé concernant leur scolarisation en milieu ordinaire. Pour reprendre les termes de mon ami M'Hammed Sajidi, président de Vaincre l'autisme : « Le gouvernement continue à travailler dans le même système, avec la même institutionnalisation et le même verrouillage qui ne laissent aucune ouverture à l'innovation, à l'expertise et aux expériences des familles. »

Nous sommes déçus et amers. Rien à voir avec le grand chantier d'envergure que nous attendions tous, avec impatience, depuis la victoire de François Hollande.

Je crois surtout qu'avec ce plan, Mme Carlotti a essayé de ménager la chèvre et le chou à la sauce hollandaise pour ne pas créer trop de remous, désirant plaire au président qui déteste les polémiques. Mais personne n'a été dupe ni de sa langue de bois ni de ce plan sans perspectives et elle a finalement obtenu tout le contraire de ce qu'elle voulait et fâché tout le monde : Les psychanalystes se sont sentis trahis, les familles ont compris que le changement promis en matière d'autisme ne serait pas au rendez-vous.

Le discours du ministre Vincent Peillon qui suivra sur l'école inclusive est tout autre et nous redonne de l'espoir. Il évoque « sa volonté de passer des paroles aux actes » en créant cette école « miroir d'une société tournée vers le changement » dont nous rêvons tous où nos enfants seraient enfin « tous mélangés sans distinction ni séparation ». « Une école de bienveillance où chacun pourrait s'enrichir de la différence de l'autre ». Il nous parle aussi de son engagement à « transformer la vie des familles ».

Un espoir qui sera réitéré avec le Premier ministre Jean-Marc Ayrault qui annonce le recrutement de huit mille auxiliaires de vie scolaire et leur professionnalisation.

Alors pourquoi aucune amélioration n'est ressentie pour la nouvelle rentrée scolaire débouchant sur une nouvelle pétition des familles en faveur de l'intégration des enfants autistes à l'école ? Pourquoi malgré une apparente volonté des ministres, rien ne change pour ces enfants ? Est-ce que les annonces faites ont été suivies d'effets et d'actes concrets ? Ou étaient-elles insuffisantes face à la forte demande ?

Je n'ai pas réussi à le savoir. Le ministère de M. Peillon ne daigne même pas répondre aux nombreuses demandes de rendez-vous de notre Collectif.

Pas de réponse non plus concernant le nombre d'enfants intégrés à l'école. Malgré mes appels aux différents ministères et à la MDPH, ces chiffres semblent être classés « top secret ». Comme me l'a dit une assistante : « On ne les donne pas, c'est politique. »

Mais les ont-ils vraiment ?

Qu'ils les cachent ou bien qu'ils ne les aient pas est d'ailleurs tout aussi inquiétant.

Quoi qu'il en soit, je ne comprends toujours pas la ligne tenue par le gouvernement. Pourquoi Mme la ministre veut-elle créer des classes spécifiques en maternelle pour les autistes alors que le ministre de l'Éducation nationale souhaite au contraire mélanger tout le monde ? Les enfants autistes auraient-ils encore un traitement particulier par rapport aux autres enfants handicapés ?

Et je me demande surtout pourquoi ces ministres n'ont pas eu l'idée de médiatiser les quelques réussites éducatives de ces enfants. Ce qui aurait valorisé ces directeurs d'établissement qui les ont intégrés, montrant ainsi que le rêve de M. Peillon sur cette école de demain s'applique déjà avec succès dans quelques rares établissements. Cette sensibilisation aurait aussi permis de montrer à tous les professeurs que d'avoir un enfant autiste dans une classe n'implique pas une charge supplémentaire de travail, les incitant à se mobiliser pour l'intégration de ces enfants dans leurs classes.

Alors malgré quelques avancées, la politique menée par le gouvernement en matière d'autisme manque d'audace et de courage pour mener à bien toutes ses promesses. Et surtout, elle avance beaucoup trop lentement alors que la situation des familles et de leurs enfants est urgente et précaire.

Et puis elle semble être encore pleine de contradictions tout comme l'amendement n° 274 qui avait déchaîné la chronique quelques mois plus tôt à propos duquel j'avais rencontré le président de la République.

XXXIV : Mes larmes à l'Élysée

J'avais refusé, toute ma vie, de m'engager politiquement. Sans doute avais-je interviewé trop de politiques en tant que journaliste pour savoir qu'il valait mieux se tenir éloignée de ce haut lieu de pouvoir.

Mais j'étais de gauche par éducation. Mon grand-père m'avait élevée dans l'amour du socialisme et du devoir citoyen. Je me souviens de ma première coupe de champagne partagée avec lui, lors de la victoire de Mitterrand. Je n'avais en revanche jamais pris la carte du parti parce que je détestais les étiquettes, ayant toujours été un esprit libre. Et la création de l'association Paroles de femmes n'avait rien changé, au contraire ; je me devais de rencontrer tout le monde pour faire avancer les dossiers de victimes et laisser de côté mes convictions. D'ailleurs, en travaillant avec les uns et les autres, je trouvais qu'il y avait des hommes et des femmes de bonne volonté partout et de simples carriéristes à sang froid, à droite comme à gauche.

Et je voulais rester libre de mes opinions, libre de mes coups de gueule.

Mais après avoir rencontré François Hollande, je ressentais une immédiate sympathie pour l'homme, que je trouvais humain, intelligent et plein d'humour. Il semblait connaître les dossiers que je lui présentais sur les femmes en foyers monoparentaux dont je m'occupais ainsi que sur l'autisme. Et lorsqu'il me nomma dans le groupe « droit des femmes » dirigé par Marie-Arlette Carlotti, pendant sa campagne, je fus honorée par ce geste et j'acceptais de venir bénévolement apporter mes idées et aider l'élue marseillaise.

Je rédigeais de nombreux mails avec mes propositions concernant ces deux grands sujets. Nous échangions aussi par téléphone parfois jusqu'à minuit. Je l'avais alertée durant toute la campagne, lui parlant de ces parents qui traversaient ce que nous avions traversé : les crises de leurs enfants, l'impossibilité de travailler pour les mères parce qu'il n'y avait pas de prise en charge à l'école, la précarité qui accompagnait ces situations, l'isolement psychologique que les familles subissaient et le désespoir que les parents ressentaient en voyant que leurs enfants n'auraient aucun avenir s'ils restaient en France.

Je lui avais montré que les méthodes comportementales étaient efficaces et que la plupart de ces enfants étaient capables d'évoluer, de suivre des études et d'avoir une chance de s'en sortir. Je lui avais parlé des discriminations que ces enfants subissaient et de ce droit à l'éducation que la République ne pouvait continuer à leur refuser. Et il m'avait répondu qu'une fois au pouvoir, il casserait le système injuste dont les enfants autistes étaient prisonniers et qu'il ferait régner « l'égalité pour tous » dans toutes les sphères de la société y compris en les intégrant à l'école.

Pendant la campagne, une maman s'était suicidée avec son enfant et je l'avais alerté encore sur ce drame inacceptable.

Alors, une fois qu'il fut élu président, je continuai à adresser à François Hollande, ainsi qu'à sa compagne, quelques mails et textos afin de les tenir informés de la gravité de certains dossiers ; ils me répondaient très rapidement avec la même gentillesse et l'écoute qu'ils m'avaient accordée pendant la campagne.

Voilà pourquoi j'entrais, confiante, dans les bureaux de l'Élysée ce vendredi 5 avril 2013. Parce que je refusais de me dire que tout ce qu'il m'avait promis n'était que des paroles de campagne, des promesses que le pouvoir suprême lui avait fait oublier.

Concernant l'amendement, je pensais que ce n'était sans doute qu'une erreur d'un député socialiste qui ne connaissait rien au handicap. Je savais que le président ne laisserait jamais passer une telle mesure. Et bien qu'il soit coincé entre l'affaire Cahuzac et la mort des soldats au Mali, le fait que le président m'accorde un rendez-vous en quarante-huit heures était un geste fort et un signe d'amitié.

La veille de notre entrevue, je demandai aux parents, via notre groupe Facebook, de m'envoyer leurs témoignages et leurs doléances afin d'aider un plus grand nombre. Et j'étais venue avec un gros dossier.

J'avais également apporté le cahier d'écriture de mon fils et son bulletin de notes afin qu'il puisse se rendre compte qu'en une année de CP, Ruben écrivait comme n'importe quel autre enfant de son âge et que ses résultats étaient excellents. J'avais aussi amené tout notre matériel, les fiches que je lui avais fabriquées afin qu'il comprenne de quoi un enfant autiste avait besoin pour que son intégration scolaire se déroule dans les meilleures conditions.

Je lui avais noté sur une feuille tous les noms des méthodes comportementales afin qu'il en comprenne les nuances. Même si tous les politiques connaissaient l'ABA, très peu d'entre eux savaient véritablement en quoi consistait cette méthode. Et je voulais lui montrer la véritable réalité de l'autisme.

Enfin j'avais rédigé ce qu'il fallait entreprendre afin de faire avancer la prise en charge de l'autisme en France. Je démontrais même sur ce document que cela ferait faire des économies à l'État, grâce à des spécialistes qui avaient rédigé une note à cet effet.

Je regardais toutes ces dorures, ce grand escalier et j'étais impressionnée. Dire que c'était là que toutes les décisions qui influaient sur la vie des Français se prenaient et que l'avenir de nos enfants était dans les mains d'un seul homme. Juste là, derrière cette porte.

François Hollande arriva avec un peu de retard et s'excusa, m'expliquant qu'il venait de rencontrer les familles des soldats morts au Mali. Puis, comme à son habitude, il me fit la bise. Le pouvoir suprême dont il était aujourd'hui investi, ne l'avait apparemment pas changé.

J'étais émue de le revoir, cette fois-ci, en tant que président de la République. J'avais lu toute la journée les témoignages des parents, accompagné Ruben le matin à l'école en tant qu'auxiliaire de vie scolaire. J'étais inquiète pour l'avenir de mon fils et investie par toutes ces familles qui comptaient sur moi. J'avais tant de choses à lui dire.

En préambule, je lui demandai si je pouvais me montrer franche avec lui, comme pendant la campagne et continuer à l'appeler par son prénom. Il avait acquiescé avec un sourire amusé. Alors je vidai mon sac, lui parlant de cet amendement inhumain, de cette cause qui n'avançait pas suffisamment vite alors que la situation était urgente. Je lui dis que les familles étaient en colère et désespérées. Et à quel point certaines de ces décisions n'étaient pas à la hauteur de nos espérances.

« Dites-moi, Olivia, qui est chargé de l'autisme au ministère de Marie-Arlette ? » me demanda le président.

Et là je dois avouer que je tombais des nues. L'idée qu'il me pose la question me paraissait incroyable. Et je lui répondis d'un air dépité : « Mais personne, François. »

Et c'était bien cela le problème. Le président ne pouvait pas gérer chaque dossier de chaque ministère et se renseigner sur qui faisait quoi. Il se devait d'accorder sa confiance à ces ministres pour que les choses avancent.

Et concernant Marie-Arlette Carlotti, je savais de source sûre qu'elle avait fort à faire, partagée entre son ministère et la campagne médiatique et de terrain qu'elle menait pour devenir la nouvelle maire de Marseille. Je savais surtout que le handicap n'était vraiment pas son sujet de prédilection et l'autisme, encore moins. Et au regard des quarante années de retard de la France en matière de prise en charge de l'autisme, le défi de faire avancer quelque chose sans s'y connaître était impossible à relever.

Alors, c'était immature sans doute, pas très professionnel sûrement, mais je ne pus retenir mes larmes.

C'est comme si je m'étais retrouvée face à ce que je redoutais. Voilà pourquoi durant toutes ces années, l'autisme n'avait pas avancé en France à la vitesse escomptée. À cause d'un système politique, d'un immobilisme terrifiant, d'une administration figée, d'un manque de communication interne et peut-être d'un manque d'intérêt pour un dossier qui n'était sans doute pas très vendeur. Qui s'intéressait véritablement à ces enfants, regardés par beaucoup comme « des attardés mentaux sans avenir » et à leurs parents décrits parfois par certains psychanalystes comme « des névrosés hystériques » ?

Lorsqu'il vit mes larmes, le président se leva d'un bond, sans trop savoir quoi faire, à la fois surpris et gêné. Je me mis à bredouiller : « Excusez-moi, François, je ne voulais pas pleurer. Je me sens tellement idiote. Écoutez, laissez-moi me charger de ce dossier. Entre mon travail d'AVS et mon association, je ne dispose pas de beaucoup de temps mais je suis prête à vous aider ».

Et voulant me justifier, j'ajoutai que je ne venais pas demander un poste, qu'il ne fallait pas qu'il se méprenne. Qu'il me connaissait et que je n'étais pas une de ces ambitieuses, au mauvais sens du terme, mais une mère qui voulait faire avancer cette cause.

Lui, me rassura, répondant qu'il savait qui j'étais, qu'il connaissait ma combativité et la sincérité de mes convictions et qu'il s'entretiendrait avec Marie-Arlette pour lui parler de ma proposition.

Malgré ma gêne extrême, je lui arrachai tant bien que mal quelques promesses, notamment celles que l'amendement n° 274 soit définitivement retiré et qu'il y ait un plus grand nombre d'auxiliaires de vie scolaire et surtout un personnel formé.

En sortant du palais de l'Élysée, je m'appuyai un instant contre le mur pour reprendre mes esprits. Je m'étais trouvée nulle et trop émotive. Je me demandais ce que le chef du gouvernement avait pensé de moi. Lui qui avait toujours vu une présidente d'association forte et sûre d'elle, parfois vindicative, là, je lui avais montré mon véritable visage. Celui d'une femme fragilisée par tous ces combats qu'elle menait, celui d'une mère inquiète pour l'avenir de son fils et celui d'une simple française dépitée par un système politique qui écrase les plus faibles.

Mais le lendemain matin, grâce à un communiqué venant de la présidence de la République, j'eus un peu de satisfaction : il était écrit que « l'amendement n° 274 allait être retiré ». Dans le même temps, le ministère de l'Éducation nationale annonça plusieurs mesures concernant l'intégration scolaire des enfants handicapés.

Était-ce grâce à cet entretien ? Au combat que les associations et les familles avaient mené en parallèle ? Je pense, un peu de tout ça.

Mais n'ayant pas de nouvelles du président ni de Marie-Arlette, je compris que ma proposition de les aider était restée lettre morte. Et que ce dossier ne serait jamais placé en haut des urgences de ce nouveau quinquennat.

J'effaçai de ma mémoire ce rendez-vous qui m'avait définitivement montré qu'il ne fallait rien attendre des politiques lorsqu'ils étaient arrivés au pouvoir, réalisant que ce combat n'avancerait qu'avec la mobilisation des familles.

En sortant du bureau du président, un des gardes nous avait pris en photo afin que je puisse illustrer le communiqué que je devais publier. Mais ironie du sort, mon fils, pour se venger de ne pas être venu avec moi à ce rendez-vous, avait effacé la photo.

Et au lieu de l'engueuler comme je l'aurais fait auparavant, je lui souris, en songeant qu'il avait sans doute ses raisons !

XXXV : La guerre est déclarée

« La chose importante à garder en tête
est qu'il ne faut jamais attendre une minute
pour commencer à changer le monde. »
Anne Frank

Aujourd'hui, Ruben a 7 ans et rentre en CE1. Nous avons trouvé une nouvelle auxiliaire de vie scolaire privée, après de longues recherches. Aline a un master de psychologie et accompagne tous les matins notre fils à l'école ; je me contente de faire un après-midi par semaine et quelques remplacements. Nora, psychologue formée à de nombreuses méthodes, vient à notre domicile deux après-midi par semaine afin de consolider ses acquis.

Lors de la dernière réunion avec l'équipe éducative, j'ai appris que la maîtresse du CE1 avait demandé que notre fils soit dans sa classe, ce qui montrait de sa part un véritable engagement à travailler avec un enfant différent.

C'est un professeur merveilleux et à l'écoute mais c'est surtout une belle personne, drôle et humaine à l'accent qui chante. Et c'est tout ce dont Ruben a besoin aujourd'hui, d'une personne qui croit en lui, qui valorise sa place dans la classe et qui réfléchit à toutes les façons de faciliter ses apprentissages. Elle aime son métier et ne se contente pas d'enseigner des règles de grammaire, elle éveille la curiosité des enfants en leur transmettant le bonheur d'apprendre tout en s'amusant.

Elle m'envoie, en avance, les devoirs par mail et n'a aucun « problème existentiel » à travailler avec moi.

Françoise, la directrice est aussi une femme formidable qui a tout fait pour répondre aux attentes de son administration tout en me permettant d'être une AVS lorsque nous n'avions pas d'autre choix.

Et cette école devrait devenir un modèle pour toutes les autres, pour tous ces établissements scolaires où la ségrégation silencieuse sévit toujours.

Malgré tout, j'ai peur, comme tous les parents qui ont un enfant autiste scolarisé, qu'un jour tout s'arrête. Et que la MDPH, ce monstre sans visage que l'on n'a jamais vu et pour lequel nous ne sommes qu'un numéro de matricule, nous dise : « Il faut l'orienter. » Ce jour-là, s'il arrivait, je partirais sans réfléchir. Je quitterais la France, mon pays, ma République « égalitaire » que je chéris tant, parce qu'à ce moment-là la trahison serait trop grande.

Aujourd'hui, comme beaucoup d'autres familles, je n'ai plus foi en la politique ou dans le système et je vis un jour à la fois.

Et lorsque je vois, à chaque changement de pouvoir, qu'aucun président n'a le courage d'imposer la loi handicap aux syndicats de professeurs afin d'intégrer en masse les enfants autistes à l'école, de peur de heurter la sensibilité du « Mammouth », je me dis que la France ne rattrapera jamais ses quarante ans de retard. Malgré l'alerte lancée par de nombreux scientifiques sur le nombre d'autistes qui a fortement augmenté ces dernières années et sur une prise en charge archaïque et contre-productive, personne ne prend véritablement les choses en main ni la mesure de la catastrophe. Ils préfèrent nous endormir avec des plans qui ne sont pas appliqués. Et finalement, rien ne change : La MDPH met plusieurs mois avant de nous donner des réponses, faute d'effectif. Nous n'avons aucun interlocuteur direct et pour avoir un renseignement, c'est le parcours du combattant ; leur « cellule handicap » et leur Fédération de sport adapté ne servent pas à grand-chose sinon de vitrines politiques.

Les associations, dirigées essentiellement par des parents d'enfants handicapés, font ce qu'elles peuvent pendant que quelques organisations s'enrichissent et profitent du système défaillant. Elles organisent au mieux la Journée internationale de l'autisme, le 2 avril, où elles incitent les municipalités à éclairer de bleu les monuments et les bâtiments publics et privés. Elles récoltent de l'argent pour ouvrir une petite école comme l'association Vaincre l'autisme ou un centre comme l'association Sur les bancs de l'école. Elles organisent des conférences, font des sondages, parlementent avec la classe politique comme l'association Autisme France. Leur dilemme est surtout d'obtenir des avancées sans trahir les attentes urgentes des familles.

Mais l'État face à tout le domaine associatif a instauré un rapport de chantage à la subvention et à la médaille, une façon de calmer les esprits rebelles et trop revendicatifs, ce qui rend le travail des associations peu productif. Et surtout, il y a cette guerre d'ego entre toutes les associations qui bloque une véritable avancée.

Une partie d'entre elles a préféré abandonner le champ politique et apporter une aide directe aux familles, comme Asperger amitié ou Apte Autisme. Des associations dirigées par des femmes courageuses qui proposent des activités culturelles ou des ateliers éducatifs encadrés par d'excellents psychologues.

Et c'est au milieu de ces jeux de pouvoir et de contre-pouvoir que quelques enfants autistes s'accrochent à l'école avec cette menace d'orientation qui pèse sur leurs têtes d'ange tout au long de leurs parcours scolaires pendant que d'autres végètent dans des IME, des SESSAD où, derrière ces abréviations, tout et n'importe quoi se pratique ; Sans oublier ceux qui sont derrière les barreaux d'un asile, prisonniers du système et que l'on gave de neuroleptiques, brisant toute possibilité de réveil. Sans oublier les nombreux scandales de maltraitance.

Aucun chiffre n'est vérifié sur le nombre exact d'autistes, d'enfants scolarisés, d'adultes autistes ayant trouvé un emploi. Aucune étude n'est faite.

Aucune définition n'est donnée parce que personne ne sait véritablement à quoi il est dû : maladie mentale pour la Fédération de sport adapté, syndrome neurobiologique, maladie psychique, microbe dû à des causes environnementales, hérédité génétique.

Personne ne sait mais tout le monde dit savoir.

Et qu'en est-il du « dépistage précoce » tant de fois promis ? Qui est aujourd'hui formé correctement pour le faire ? Alors qu'ailleurs les enfants sont testés selon leurs « compétences », ici on continue à les évaluer selon leurs « défaillances ». Il n'existe que quelques petits centres éducatifs dans toute la France, quelques écoles ABA aux places restreintes créées par des parents. Et les familles crèvent dans leur coin dans cette indifférence.

Les mamans des familles monoparentales ne peuvent plus travailler parce qu'elles gardent leurs enfants à la maison et qu'il n'y a pas de lieux d'accueil. Elles connaissent la précarité et un isolement terrible et n'ont aucun moyen de se payer des psychologues comportementalistes. Les classes moyennes donnent jusqu'au dernier sou et jusqu'à leur dernier souffle pour aider leurs enfants, en leur offrant quelques séances éducatives. Les plus aisés quittent la France pour aller se former ou s'exilent définitivement.

Et il est bien dommage de ne jamais entendre les partis d'extrême gauche s'exprimer sur le sujet, pourtant c'est bien de l'inégalité sociale dont souffrent ces familles. Parce qu'avoir un enfant autiste aujourd'hui en France est un luxe et qu'il faut être riche pour avoir une chance qu'il s'en sorte.

Pendant ce temps-là des élus se traitent « d'autistes », font de petits calculs politiciens, des médias et quelques tweets, en oubliant le sens même de leur fonction : l'application des lois et de la devise républicaine.

Alors je crois qu'il y a un temps pour pleurer, un temps pour se plaindre contre l'indifférence politique, un temps pour douter de notre courage à survivre à tout ça et un temps pour déclarer la guerre, une guerre sans merci contre l'autisme et contre toutes ces discriminations qui empoisonnent nos enfants, qu'ils soient déficients mentaux ou petits génies.

Peut-être est-il également le temps de déclarer la guerre à une France de combines et de bricoles ; une France politicienne et corporatiste, frileuse et immobile, assise sur ses acquis et ses idéologies et qui rechigne au moindre changement.

Parce qu'« une société incapable de reconnaître la dignité et la souffrance de la personne la plus vulnérable et la plus démunie, et qui la retranche de la collectivité en raison même de son extrême vulnérabilité, est une société qui perd de son humanité[54] ».

Et de cette société-là, nous n'en voulons plus.

---

54. Comité consultatif d'éthique. 2007, « Sur la situation en France des personnes atteintes d'autisme », Avis n° 102. Voir l'article de Alt (Karina), « En France, l'autisme n'existe pas », à lire sur le site [www. Agoravox.fr].

Conclusion

« Le sentiment de notre existence dépend pour une bonne part du regard que les autres portent sur nous. »

Primo Levi

« Je m'appelle Ruben, j'ai 7 ans. J'aime partir en week-end et prendre la voiture grise. Je prépare ma valise et je vais mettre de l'essence avec papa. J'aime beaucoup mes parents et mes sœurs et aussi mon chien et mon chat. Maman est très gentille et je suis amoureux. Elle m'emmène à l'école et me fait des gâteaux et de bonnes pâtes italiennes. Elle dit toujours que je suis son champion. Quand on fait les courses, c'est toujours moi qui paye parce que j'aime faire les codes. Je retiens tout dans ma tête, les dates d'anniversaires et les choses que j'ai faites. Maman m'appelle son petit ordinateur. J'adore aussi la télé, je rate jamais *Le Petit Journal* de Canal plus. Ils sont trop drôles. Je regarde aussi Camille Cottin qui joue dans une série. Mais j'ai pas le droit de dire le nom de la série parce que c'est un gros mot, un mot cailloux comme dit maman. À l'école, j'ai un nouveau copain, il s'appelle Luigi et je l'aime beaucoup. J'espère qu'il viendra en CE2 avec moi. J'aimerais bien la même trousse que lui. On s'amuse au ballon dans la cour et des fois je change et je joue avec les filles. Il y a Inès, Anouk et Ava. Et puis, il y a Eva, ma fiancée de CP. Mais j'aime jouer aussi aux billes avec Lenny. Mardi 24 septembre, j'ai gagné deux billes vertes. J'étais content. Il me dit que je dois me bagarrer et ne pas avoir peur. J'ai plus peur mais je préfère m'amuser que de me bagarrer. Ma maîtresse est rigolote et sourit tout le temps. On a fait du théâtre avec elle, l'autre fois. Et je devais lui dire « vieille chouette », mais comme j'avais honte, je l'ai dit à maman qui m'accompagne le mardi à l'école. Et tout le monde a rigolé. Mais des fois je ne suis pas d'humeur et j'aimerais mieux rester à la récréation et ne pas travailler même si j'aime les maths et lire des livres. Ma sœur Shana me fait écouter toutes les musiques. J'ai acheté le disque de Stromae et je le mettrai mardi prochain dans la voiture. Je garde le disque d'Adèle pour partir en week-end quand on ira en Belgique le 28 décembre. J'aime bien aussi Patrick Sébastien, quand j'écoute ses chansons, elles me rendent heureux et je danse. J'espère qu'il fera beau bientôt, je l'ai demandé à Monsieur Moustache, là-haut. J'aime trop le soleil et je pourrais mettre mon short comme papa. »

Voilà, tout ça, c'est notre Ruben d'aujourd'hui.

Il fait de belles phrases « qui ont du sens » comme il aime à le dire. Il a presque la vie de tous les petits garçons de son âge : Il va à l'école, aime la récré et ses copains et joue au ballon et aux billes. Il préfère le soleil à la pluie. Et adore passer du temps avec son papa à laver la voiture ou mettre de l'essence. Il ne va toujours pas en classe les après-midi et continue d'aller chez son orthophoniste mais cela viendra peu à peu, je lui fais confiance.

Il a ses trucs à lui : il retient tous les codes, les anniversaires de tous ses proches ainsi que la date de sa dernière angine ou du week-end à Londres d'il y a trois ans. Il ponctue sa vie avec des dates et des heures précises. Il peut vous dire sans se tromper en deux secondes quel sera le jour qui correspondra au 4 août de l'année 2014. Il connaît aussi toutes les marques automobiles, des plus anciennes voitures aux derniers modèles ainsi que tous les chemins informatiques. Il est minutieux, attentif, appliqué, méthodique.

Mais ce ne sont que des détails qui ne le différencient pas des autres. Ce sont juste des choses en plus qui font de lui ce qu'il est, un petit garçon drôle, intelligent, gentil et attendrissant qui ne connaît ni la rancune ni la méchanceté. Un petit garçon à la maturité impressionnante dont je découvre chaque jour la richesse, la finesse et la complexité.

Et parfois lorsqu'« il n'est pas d'humeur », il ronchonne comme tous les enfants de son âge et s'amuse dans son coin ou fait des bêtises.

Voilà pourquoi dans ce dernier chapitre de mon livre, je voulais lui donner la parole, cette parole qu'il n'a pas eue naturellement au départ et qu'il a fallu gagner pas à pas, mot après mot, phrase après phrase.

Et lorsque je vois ces mots rangés dans le bon ordre, sa richesse de vocabulaire, ces pronoms bien utilisés et ces verbes déclinés dans tous les temps, cela me paraît à peine croyable.

Ceux qui le rencontrent aujourd'hui n'y voient rien d'extraordinaire mais pour nous, chacune de ces phrases est une pépite que nous avons gagnée jour après jour, pictogramme après pictogramme, fiche après fiche.

C'est pour raconter tout ça que j'ai commencé à écrire ce livre, pour ne pas oublier d'où nous venons et tout ce que nous avons dû traverser pour sortir notre fils de son silence.

C'est pour témoigner de ce parcours du combattant d'une famille française ordinaire qui croyait que « cela n'arrivait qu'aux autres » et qui a dû faire face et tout sacrifier pour sauver son fils de ce syndrome, peu importe son nom ou son origine. Parce que malgré ce long parcours, nous nous demandons toujours si Ruben est autiste ou TED, en retard ou trop en avance ou encore tout autre chose !

Alors nous acceptons le fait que Ruben soit TED pour les institutions, autiste pour les autres, une énigme pour les chercheurs qui n'ont pas fini de comprendre le cerveau humain ; mais pour nous, il est juste notre fils.

Connaîtrons-nous un jour l'origine et le nom exact de sa différence ?

Aujourd'hui, cela m'importe peu.

Parce que toutes ces abréviations figées qui avant me faisaient peur ne m'impressionnent plus. Elles ne sont que des étiquettes qui englobent tellement de possibilités qu'elles finissent par ne plus rien vouloir dire.

Et une chose est sûre, elles ne permettent pas de dire qui est notre petit garçon et ce dont il sera capable demain.

L'important est de continuer à faire bouger ces lignes afin que les enfants autistes sortent de ces mondes du handicap fermés à double tour, bien étiquetés et à l'avenir tout tracé.

Alors oui, son parcours est incroyable, et lorsque je regarde dans le rétroviseur, je me dis que nous avons affronté bien des tempêtes, combattu beaucoup de démons et de dragons, marché longtemps dans le désert avant de trouver la clé qui a libéré notre fils.

Mais malgré tout, nous ne voyons pas les choses ainsi parce que le combat est loin d'être fini. Les dragons rôdent toujours, attendant le moindre faux pas. Alors, il nous faut toujours surveiller nos arrières, être braves, prêts à livrer d'autres batailles. Et elles sont encore rudes et très nombreuses.

Notre véritable défi aujourd'hui est de faire tomber ce « presque » pour ne plus écrire et ne plus entendre que « c'est un enfant presque comme les autres », « un élève presque comme les autres ». Moi, je veux qu'il soit juste un enfant comme les autres parce que ce simple petit mot pèse trop lourd sur son avenir d'écolier et sur tout ce qu'il voudra entreprendre pour devenir un adulte accompli et heureux.

Voilà pourquoi j'ai écrit ce livre pour que notre fils lise ces lignes et réalise que rien n'est impossible pour lui et qu'il ne laisse jamais personne lui affirmer le contraire. C'est aussi pour le remercier de nous avoir montré le véritable sens de la vie et d'avoir fait ressortir le meilleur de nous.

Mais ce livre n'est pas seulement le parcours d'une famille, il est le reflet de ce que nous, familles françaises ayant un enfant autiste, vivons au quotidien. Des familles désespérées qui se battent à la fois contre le handicap de leurs enfants mais aussi contre les discriminations qu'ils subissent dans leur propre pays.

Et c'est en ma qualité de présidente d'association que je voudrais terminer ce livre afin de réclamer à nos élus de droite, du centre et de la gauche d'accomplir ce pour quoi nous les avons élus : faire de notre chère République un État de droit, de justice et d'égalité pour tous.

Six cent mille élus pour six cent mille personnes autistes. Un hasard de chiffres qui me laisse imaginer que si seulement chacun d'entre eux acceptait de parrainer un enfant autiste et de suivre son parcours éducatif, nous pourrions tous veiller ensemble à sa réussite.

Parce que j'ai un rêve, celui d'une France fraternelle où les enfants normaux et différents se retrouveraient unis et libres au sein d'une même école, d'une même salle de sport ou de musique ; où les personnes autistes ne seraient plus ces êtres fantômes que la société préfère cacher et enfermer dans des ghettos.

Et tant que la France manquera à ses promesses en refusant d'accorder aux personnes autistes leurs droits de citoyens, ma lutte ne connaîtra ni repos ni tranquillité[55].

Une association, « SOS Autisme France », et deux sites Internet ont été créés pour permettre aux familles de me contacter afin de les aider : www.olivia-cattan.com et www.sosautismefrance.com

55. Discours modifié et adapté de Martin Luther King.

Remerciements

À ma famille que j'aime plus que tout, mon mari Cyril sans lequel je ne serais rien, mes merveilleuses filles Shana et Laura, mes parents Nicole et José, Daniel et Dina. Et surtout à mon petit frère Laurent, mon petit prince devenu grand, pour lequel je serais toujours là.

À mon éditeur qui m'a apporté son écoute, son soutien et sa confiance, et à toute son équipe.

À mes amis, mes frères de cœur Karim-Hervé Benkamla, Grégori Baquet et Patrice Renson, Christina Canet, Élodie Legale, Mathieu Melgarejo, Fayçal Douhane, Ève Béart, Philippe Caruso, Faroudja Amazit, David, et le talentueux photographe Xavier Martin.

Aux thérapeutes de génie du centre Feuerstein à Jérusalem : le professeur Feuerstein, le Dr Gross, Simha Dray, Judy, Tracy, Léa, Jacqueline, Dorit, Laurent…

À celles qui m'ont guidée : Françoise Dorocq, Mariana Loupan, Suzanne Jaoui, Elaine Kibaro, Céline Raphaël…

À mes merveilleuses psychologues : Élise, Mathilde, Nora, Claire et à ma douce Aline.

À toute cette équipe éducative formidable : Sylvie Chartois, les maîtresses de maternelle, M. Sel, Mme Massabeau et Françoise…

À ceux qui m'ont soutenue avec force, Monica Bellucci, Michel Drucker, Paul Amar, Jean-Jacques Bourdin et mes amis Bruno Wolkowitch, Marie-Claude Pietragalla et Audrey Dana.

À toutes ces merveilleuses mamans et papas militants : Magalie Pignard, Myriam Sarbac, Sophie Cluzel, Jacqueline Tiarti, Sophie Robert, Michel Tessier, Laurent Savard, Anne Buisson-Sauvageot… et à leurs enfants.

À tous ces parents que je sais désespérés et qui trouveront dans mon livre, je le souhaite, la force d'espérer.

Postface
Et si c'était l'environnement !!!

Par le Dr Corinne Skorupka

L'autisme est un trouble du développement se manifestant au cours des trois premières années de la vie de l'enfant, voire dès la naissance. Me replongeant dans mes vieux cours de psychiatrie, j'y relus que l'autisme, qualifié dans les années 1980 de psychose infantile, était alors réputé affecter un enfant sur mille.

Qu'en est-il aujourd'hui ?

Dans son rapport de 2002, Prevalence of Autism Spectrum Disorders, le CDC évoquait un enfant autiste sur cent cinquante-deux concerné à l'âge de 8 ans.

En 2009, l'étude rapportée par Simon Baron-Cohen dans le *British Journal of Psychiatry* évoque un enfant autiste sur soixante-trois parmi les enfants de 5 à 9 ans scolarisés au Royaume-Uni.

En 2011, une étude sud-coréenne, parue dans *l'American Journal of Psychiatry* et menée par une équipe internationale de chercheurs américains, canadiens et sud-coréens, évoque un enfant sur trente-huit.

Serait-on face à une épidémie d'autisme ?

Les autorités sanitaires de nombreux pays se préoccupent à juste titre de l'accroissement majeur du nombre d'autistes. Fort de cette prise de conscience, le gouvernement français avait déclaré l'année 2012 « Année de l'autisme » et l'autisme « Grande cause nationale ».

Pourtant de façon tout à fait étonnante et malgré la gravité des choses, la France n'a toujours pas mis en place de recensement officiel de l'autisme à l'exemple des grands pays industrialisés. La Grande-Bretagne compte aujourd'hui un enfant autiste sur cinquante-huit, les États-Unis comptabilisent un enfant autiste sur cinquante. La province de l'Île-du-Prince-Édouard au Canada évoque un enfant autiste sur soixante-cinq.

Les taux sont également très élevés au Moyen-Orient. L'Iran comptabilise un enfant autiste sur cinquante-deux, et l'Afrique avec le Niger compte un enfant autiste sur cent vingt-cinq. Ces pays malgré leurs difficultés politiques et économiques ont réussi à mettre en place un système de recensement, ce qui sous-entend que l'autisme est devenu bel et bien un problème majeur dans ces pays aussi.

Seule la France reste en retrait. Pourquoi ? Aujourd'hui en 2013 dans notre pays, les thèses psychanalytiques sont toujours d'actualité et les mères trop souvent mises en cause.

Trop d'espoirs sont placés dans la recherche génétique, qui présente l'avantage de déculpabiliser les familles longtemps éreintées par la psychanalyse, sans toutefois proposer des voies thérapeutiques significatives. Cependant, l'accroissement du nombre de cas ne peut avoir pour unique origine des facteurs génétiques de prédisposition, facteurs réels, mais constants dans les différentes populations touchées en moins d'une génération. Certes, la génétique identifie, ici et là, des variations de gènes présents ponctuellement dans certaines déclinaisons du spectre autistique, mais n'apporte encore aucune réponse définitive à l'autisme dans sa globalité.

Certains affirment que cette augmentation est tout simplement le résultat d'une meilleure connaissance du diagnostic de l'autisme. Mais si on compte le nombre d'enfants autistes avec les critères d'aujourd'hui, plus on descend en âge, plus il y a d'autistes (un maximum dans la tranche 0-10 ans). La distribution du nombre de cas TED en fonction de l'âge, recensés une fois encore en Californie, est aussi tout à fait informative. Elle montre qu'il y a beaucoup plus d'enfants autistes chez les enfants en bas âge, de 6 à 9 ans. Mis à part les enfants en dessous de l'âge de 5 ans, qui ne sont pas systématiquement tous diagnostiqués, l'autisme affecte en plus grand nombre les enfants jeunes. En fait plus de 80 % des cas ont moins de 21 ans.

Ceci indique que l'augmentation des taux est très rapide au cours du temps. D'année en année, l'augmentation est bien réelle.

De façon inverse, il semblerait qu'il n'y ait pas d'enfant autiste au sein de la population amish aux États-Unis. Cette population est connue comme ayant adopté un mode de vie très traditionnel, limitant l'industrialisation, vivant sans fuel et électricité, et n'employant que des systèmes traditionnels d'agriculture et de santé.

Ces conditions auraient-elles permis une prévention de l'apparition de l'autisme ?

Il est de notre devoir de réfléchir sérieusement à la question et de comprendre ce qui peut être à l'origine de ces chiffres alarmants et comment inverser la tendance.

Cette éclosion soudaine pourrait trouver un début d'explication dans les modifications de notre environnement et de nos modes de vie actuels : pollutions cachées et multiples, nutrition « dénaturée et industrialisée », exposition croissante aux métaux lourds toxiques tel le mercure, pesticides et autres polluants, exposition permanente aux radiations électromagnétiques de toutes fréquences liées à la globalisation des communications et des activités humaines, évolution de la flore microbienne, que son origine soit naturelle ou « réinventée » par l'homme…

En effet, au cours du siècle dernier, nous avons assisté à une augmentation exponentielle, jamais observée jusque-là, et à l'échelle planétaire, de la fabrication de nouveaux produits chimiques. Ces produits, comme les pesticides et les solvants industriels, sont souvent nuisibles et toxiques.

Nous perdons de la biodiversité : le taux d'extinction d'espèces animales et végétales est le plus élevé depuis l'ère des dinosaures et de nombreuses espèces de poissons disparaissent en raison de la pollution des océans.

Les changements climatiques à l'échelle planétaire deviennent indéniables et semblent se poursuivre plus rapidement que quiconque ne l'avait prévu, il y a seulement quelques années.

Nous sommes confrontés à une augmentation du nombre d'une multitude de maladies dont le cancer, les maladies chroniques, auto-immunes et neurodégénératives. Pourquoi les enfants seraient-ils épargnés ? En fait, compte tenu de leur fragilité et de leur système immunitaire immature, il y a toutes les raisons de s'attendre à ce que leur cerveau et leur corps en développement soient particulièrement affectés.

Un seul facteur, un seul agent infectieux ou une seule exposition toxique ne peuvent à eux seuls être responsables de l'augmentation des cas d'autisme. L'autisme est une maladie multifactorielle. Toutefois, on peut imaginer que la combinaison de ces expositions modifie notre biochimie et perturbe le bon fonctionnement de notre système immunitaire. Compte tenu de la vulnérabilité génétique, une goutte d'eau peut faire déborder le vase…

Parmi ces facteurs, certaines expositions environnementales, telles celles aux métaux lourds, pourraient contribuer davantage que d'autres à la genèse de l'autisme. Mais l'émergence des ondes électromagnétiques semble aussi jouer un rôle essentiel dans la genèse de l'autisme et pourrait aussi accélérer ce processus qui semble inexorable.

Les recherches par imagerie cérébrale, menées au CNRS sous la direction de Monika Zilbovicius, mettent en évidence des anomalies cérébrales au niveau des lobes temporaux, des lésions de la substance blanche, des zones mal vascularisées, mal oxygénées.

Il est urgent de prendre les choses en main. Au vu de l'explosion des chiffres, ce devrait être une priorité absolue pour l'avenir.

L'axe intestin-cerveau s'impose aujourd'hui comme une évidence et semble être au cœur du trouble autistique. On ne peut parler d'autisme ou trouble envahissant du développement sans mentionner les troubles gastro-intestinaux, car la plupart des enfants autistes en souffrent.

Tous les cliniciens ont remarqué chez les enfants autistes une stéatorrhée, des douleurs abdominales, une diarrhée chronique, une constipation ou une constipation entrecoupée de diarrhée. Chez la plupart des enfants autistes, on constate la présence d'une inflammation qui touche le tube digestif dans son entier.

De nombreux auteurs ont évoqué les bactéries qui peuplent l'intestin dans l'autisme.

En 1998, l'Américaine Ellen Boite, bénévole dans les hôpitaux et mère d'un enfant autiste, suggère à partir de ses propres observations et recherches bibliographiques, que la maladie pourrait être la conséquence d'un déséquilibre de la flore intestinale avec une surreprésentation de la bactérie du tétanos (*Clostridium tetani*) connue pour produire une toxine attaquant directement le cerveau.

Un Canadien, Derrick McFabe, chercheur à l'université de Western Ontario, évoque l'idée que les bactéries intestinales incriminées (notamment les Clostridiums) et leurs produits métaboliques favoriseraient l'autisme. Ces toxines se formeraient notamment lors de la digestion du blé et des produits laitiers. Si cela se vérifiait, cela confirmerait que l'environnement est un facteur de développement de la maladie. Dès lors, le traitement de cette maladie serait à portée de main : il suffirait de combattre les bactéries incriminées et leurs produits métaboliques, suspectés de perturber les processus neuronaux, et d'agir sur l'alimentation. Dans l'explosion de l'autisme, il met en cause la quantité d'antibiotiques mal adaptés prescrits aux jeunes enfants, dont on sait qu'ils perturbent la flore intestinale ; parallèlement, la consommation de blé et de produits laitiers est en augmentation.

Le professeur norvégien Karl Reichelt de l'institut pédiatrique d'Oslo a mis en lumière que les troubles « mentaux envahissants » pouvaient être causés par la dégradation partielle du gluten et de la caséine. Dès 1986 il a soupçonné la présence de peptides du gluten dans les urines de sujets hyperactifs, autistes, épileptiques et schizophrènes. Il a établi la présence quasi constante et à des taux élevés, de peptides opioïdes dérivés du gluten dans les liquides biologiques d'enfants autistes. Les opioïdes sont des substances médicamenteuses dérivées de l'opium comme la morphine ou l'héroïne. En raison du déséquilibre de la flore intestinale, les protéines comme le gluten et la caséine ne sont pas digérées correctement. Elles sont transformées en dérivés gliadomorphine et casomorphine dont la structure est proche des opioïdes.

L'amélioration rapide de certains signes autistiques à la mise en place du régime semble confirmée cette thèse malgré la mise en garde de l'AFSSAPS[56].

Les travaux du microbiologiste et médecin américain Sydney M. Finegold confortent la thèse de l'origine intestinale de l'autisme. Il a donné à des enfants autistes un antibiotique contre les clostridies. Résultat : sur les dix enfants ainsi traités, huit ont vu leurs symptômes autistiques temporairement atténués[57].

---

56. L'AFSSAPS (Agence française de sécurité sanitaire des produits de santé) a changé de nom, depuis le 1er mai 2012, pour prendre celui d'Agence nationale de sécurité du médicament et des produits de santé (ANSM).

57. Finegold (Sydney M.), « Therapy and epidemiology of autism-clostridial spores and key elements », *Medical Hypotheses*, 2008, 70, p. 508-511. [bacteriaandautism.com/PDF/Medical_Hypothesis_paper.pdf].

Une recherche encore plus récente conduite au centre pour l'infection et l'immunité (CII) de l'université de Columbia, signale que les enfants autistes souffrant de troubles intestinaux ont de hauts niveaux d'une bactérie appelée Sutterella dans leurs intestins. Cette bactérie a été retrouvée grâce à une biopsie de l'intestin alors que Sutterella était absente dans les biopsies des enfants non autistes. L'étude a été menée par l'école de santé publique Mailman de l'université Columbia, NYC, et a été publiée en ligne le 10 janvier 2012.

Le professeur Luc Montagnier, prix Nobel de médecine en 2008, est sur le point de confirmer cette hypothèse. Une étude menée par son équipe, datant de 2009, décrit les propriétés inédites de l'ADN d'agents infectieux, d'origine bactérienne notamment, capables d'induire « des ondes électromagnétiques dans l'eau ». Ces signaux sous forme d'ondes ont été retrouvés chez 90 % des cent trente enfants autistes testés à ce jour. Absents, en revanche, chez les enfants non atteints, ces signaux semblent provenir d'espèces bactériennes connues d'origine intestinale.

Il est maintenant convaincu qu'un dysfonctionnement immunitaire, associé à une souffrance inflammatoire de la muqueuse intestinale, entraîne un passage de toxines bactériennes dans la circulation sanguine. Celles-ci franchiraient ensuite la barrière cérébrale rendue perméable par leurs radiations électromagnétiques, créant inflammation, stress oxydatif et mauvaise oxygénation à l'origine de troubles neurologiques.

Existe-t-il réellement une piste infectieuse à l'origine ou spécifique de l'autisme ?

La recherche doit absolument se poursuivre pour mieux comprendre les relations entre les populations bactériennes intestinales spécifiques et l'autisme. Une meilleure compréhension de leur influence permettra à terme d'affiner les traitements proposés et peut-être pourquoi pas à l'avenir de prévenir et traiter l'autisme. Cela ouvrirait la voie à un traitement des infections bactériennes chroniques et à une nouvelle approche thérapeutique future qui suscite aujourd'hui beaucoup d'espoir dans les familles concernées.

Et si l'autisme est effectivement lié aux changements environnementaux, l'environnement ne cessant de se dégrader, nous sommes tous concernés… Cela devrait nous faire sérieusement réfléchir.

Si nous ne faisons rien, qui sait quelle sera la proportion d'enfants qui naîtront autistes dans trente ans ?

Témoignage

par Jean-François Havreng

Même si je pense que la place de tous les enfants autistes est à l'école, je tenais à inclure dans mon livre la parole de Jean-François Havreng afin de montrer qu'il est impératif aujourd'hui d'arrêter les conflits stériles et d'avancer ensemble pour le bien-être de nos enfants autistes au nom de nos valeurs humanistes communes.

Ces quelques lignes sont nées de rencontres avec Olivia Cattan, femme qui s'est risquée à l'écriture et au service de l'autre, sans dogmatisme, avec intelligence, générosité et tolérance. Autant de prétextes aux questions sur l'autisme, qui nous rassemble, de places et regards différents. Qu'est-ce à dire, l'autisme, d'où ça vient, où cela va, comment l'accueillir et le reconnaître au plus tôt, cela se guérit-il ?

Dire « un enfant avec autisme », c'est, sans doute, qualifier d'autistiques certaines modalités de son développement, de sa façon de se construire, d'interagir avec le monde et nous.

Acquérir ici une perception intégrée de soi-même et une subjectivité prendra souvent plus de temps qu'ailleurs et usera de modalités inhabituelles. Si les parcours de ces enfants apparaissent très différents et de mieux en mieux repérés, le diagnostic, pour la plupart des familles, sonne le glas. Les professionnels du dépistage sont pourtant de plus en plus avertis et expérimentés (ils sont souvent vécus comme des experts du dépistage) mais ils ont encore, trop souvent, des représentations négatives du devenir possible des enfants autistes, et en particulier des autistes qui ne sont pas de « haut niveau ». Ces derniers ont été mis sur le devant de la scène par les médias, mais ne sont pas représentatifs de l'ensemble des êtres avec autisme.

L'annonce du diagnostic signe pour les parents un cortège d'inquiétudes et d'interrogations présentes depuis longtemps. Ce diagnostic marque une rupture dans leurs attentes vis-à-vis de leur enfant et les laisse en perte de repères : comment se comporter avec un enfant si différent de l'enfant qu'ils avaient imaginé, et si différent des autres enfants ? Quelle scolarité envisageable, quel accompagnement éducatif, thérapeutique ? Pourquoi lui, pourquoi nous ?

Personne n'attend de réponse unique à ces interrogations, mais tous, nous pouvons les recevoir, les faire circuler et les restituer dans leur contexte. L'accompagnement de l'enfant autiste est multiple et fonction de sa singularité et de celle de sa famille. Les accompagnements en ambulatoire sont de mise plus récente. S'ils posent les questions de leur financement, de leur supervision ou encadrement, et de la vie familiale des parents à l'adolescence, leur intérêt est majeur. Cependant, ils ne répondent pas à l'ensemble des parcours de développement des enfants avec autisme. Certains moments de ces parcours peuvent nécessiter des temps d'accueil « institutionnel » adaptés, en particulier lorsqu'ils sont très jeunes et que la qualité des évaluations, des interventions, de la structuration de l'espace et du temps joue un rôle majeur dans leur développement, assurant ou non des fondations solides pour leurs acquisitions ultérieures. Cet aspect est parfois sous-estimé, au profit d'une mise en inclusion souvent très précoce en milieu ordinaire, alors que c'est au plus jeune âge qu'un milieu bien contenant, adapté, va mettre en place les conditions d'une socialisation secondaire.

L'inclusion scolaire, en conditions ordinaires d'emblée, dès le plus jeune âge, n'est certainement pas bénéfique pour tous les enfants avec autisme ! Acquérir une perception de soi et une sécurité intérieure suffisante pour se retrouver avec d'autres est un préalable souhaitable. Les conditions de vie et d'apprentissage dans une classe ordinaire ne sont pas optimales pour nombre d'enfants, et en particulier pour ceux avec autisme. Nous observons au quotidien que tant qu'ils ne dérangent pas – et ils sont alors de jeune âge – l'école les garde. Après, c'est l'éviction, parfois brutale ! Et les auxiliaires de vie scolaire (AVS) ne peuvent y remédier en totalité, car c'est l'ensemble, le contenant qui est inadapté : la classe avec de nombreux enfants tous différents, le rythme d'enseignement, l'organisation, les supports et les médiations. C'est le lot d'une classe habituelle, ainsi qu'un grand nombre de CLIS (classes pour l'inclusion scolaire). Pourtant, quelle que soit la scolarité envisagée, ce qui compte pour ces enfants avec autisme c'est la place du tiers. Le tiers, qu'il s'agisse d'un des parents ou d'un professionnel, n'a pas la fonction de séparer. Il agit plutôt tel un catalyseur, un liant, un contenant humain, et favorise cette intégration dans tel ou tel dispositif. Ainsi considéré, cet accompagnement intégrant la place du « tiers » peut s'inspirer de diverses approches.

Lorsqu'on aborde ces différentes approches permettant d'inscrire ce « tiers » dans l'accompagnement, et d'en définir ses modalités d'intervention, on entend dire « conflit ». Conflit entre les approches dites structurées (ABA[58], TEACH[59], PECS[60], de Feuerstein[61]) et les tenants de la psychanalyse et des approches psycho-dynamiques. Pourtant, ce conflit semble surtout témoigner de la difficulté, de notre propre difficulté à nous adultes, d'accompagner sereinement des enfants qui soulèvent des questions humaines aussi cruciales que l'autisme ou la surdité profonde, car elles interrogent en particulier les modalités communicationnelles, le langage et la parole, ces fonctions si spécifiquement humaines ! C'est alors que les clivages apparaissent et se renforcent, et de tout côté ! Pourquoi donc un enfant avec autisme ne pourrait-il bénéficier d'un abord éducatif adapté à sa façon d'interagir, d'être, et de devenir ? Tout enfant sollicite une approche éducative suffisamment ajustée à lui ! Les approches psycho-éducatives et pédagogiques structurées, proposées avec discernement, sont tout à fait pertinentes pour offrir aux enfants autistes un environnement quotidien à la fois stimulant et sécurisant. Mais elles doivent s'inscrire

58. Programme de techniques de modification du comportement et de développement de compétences.

59. Programme éducatif structuré spécialisé, issu des travaux de Schopler et son collègue Robert Reichler.

60. Système de communication par l'échange d'images.

61. Pédagogue dont les travaux reposent sur deux concepts fondamentaux, la modifiabilité cognitive structurale et la médiation.

dans « cet accueil » de « cet enfant » et non dans un collage protocolaire d'une démarche standardisée sur le plus grand nombre. Ainsi, elles peuvent favoriser des progrès, souvent très notables, en termes d'autonomie, d'apprentissage, de comportement et de communication. Ces approches dites « structurées » peuvent trouver de solides alliés à travers, non seulement, les neurosciences mais aussi les références psychanalytiques en particulier (pas seulement). *A contrario*, quel tenant de la psychanalyse n'a-t-il pas été, un tant soit peu, comportementaliste avec ses propres enfants, des proches ou parfois des patients ? Cette opposition apparaît stérile si elle n'ouvre pas sur une articulation affinée et complémentaire de ces approches.

La France semble être en retard dans l'application de ces approches psycho-éducatives et pédagogiques structurées. Cela doit cependant être nuancé, car depuis longtemps des équipes tant sanitaires que médico-sociales s'y sont aventurées. Les approches psycho-dynamiques, parfois sans les systématiser, mettaient en œuvre pictogrammes, Makaton (approche multimodale de la communication associant la parole, les signes et/ou les pictogrammes), PECS, stimulations séquentielles ajustées et ateliers fondés sur ce que leur apprenaient les enfants accueillis et leurs familles. Elles n'en faisaient certes pas un systématisme et tentaient de s'approprier le sens que l'enfant semblait mettre en jeu.

C'est la société, son évolution qui est aussi à considérer. Des aléas se présentent à notre époque et favorisent, semble-t-il, des mouvements dépressifs chez les parents et des réactions d'hyperactivité réactionnelle chez les enfants ou les adolescents : l'exigence narcissique du monde environnant est de plus en plus forte et inadéquate vis-à-vis de nombre de nourrissons et d'enfants (sans parler des adolescents, voire des adultes). L'hyperstimulation de l'environnement dépasse souvent les capacités de métabolisation, de régulation de l'enfant et de ses parents. Ainsi, nous remarquons, dans cette nouvelle société, que ces « troubles » sont portés bien plus souvent aujourd'hui que par le passé. Leur forte augmentation apparente (prévalence de 1/2 000 en 1960 à 1/150 aujourd'hui) semble en très grande partie liée à la façon dont est porté ce diagnostic dans le cadre de classifications, qui elles-mêmes ont fondamentalement évolué. C'est pourquoi, entrent dans la catégorie des troubles envahissants du développement (TED) et en particulier, des troubles du spectre autistique (TSA), des enfants pour lesquels l'autisme n'aurait pas du tout été envisagé en France, il y a peu d'années. Est-ce une bonne chose ? Lorsque ceci éclaire la façon d'accueillir et d'accompagner au mieux dans son devenir humain, oui. Si cela délimite un nouveau territoire de marchandisation de l'accompagnement psycho-éducatif ou pédagogique par des méthodes tout à fait fondées, mais idéalisées dans leurs résultats et réductrices dans leurs conceptualisations ou mises en œuvre, non.

Enfin, on s'interroge souvent sur l'origine de l'autisme. Nous ne la connaissons pas, pas plus que nous connaissons un seul autisme. Nous savons qu'il n'existe pas d'unique forme, d'unique profil « d'autisme » et cela correspond sans doute à des étiologies, des causes différentes et faisant intervenir plusieurs facteurs. Le temps où l'on accusait les mères ou les pères s'éloigne. Certes, certaines situations extrêmes, ou particulières du milieu de vie, peuvent favoriser un trouble du développement de l'enfant, dans un sens très large. Les aspects autistiques éventuellement présents disparaissent alors le plus souvent avec un accompagnement de l'enfant, et parents/enfants de qualité. Mais le plus souvent, les causes du trouble autistique ne sont pas trouvées. Une causalité multifactorielle est la plus probable. Les travaux sur la génétique sont nombreux, mais n'ont pas mis en évidence pour l'instant d'altération déterminante ou suffisamment généralisable du génome en cas d'autisme. On peut alors se diriger vers la question de la guérison. Guérir de l'autisme ? Hormis les cas où il s'agit de troubles autistiques secondaires à une cause que l'on peut traiter et pris suffisamment tôt, il n'existe pas de guérison typique. Peut-être s'agit-il ici « d'être avec », plutôt que « sans », car il semble que l'on puisse aussi vivre bien en étant... avec autisme ! On ne guérit pas d'un développement autistique, mais on devient quelqu'un d'aussi bien que d'autres, avec une vie marquée de finitude, de bons moments, etc. La vulnérabilité sera différente, peut-être moins de possibilités d'adaptation à certaines situations, mais de plus grandes possibilités ailleurs, une autre sensibilité, souvent extrême et touchante !

Ces développements autistiques évoquent la plupart du temps, une dispersion des afférences sensorielles (autrement dit, ce qu'apporte la vue, l'ouïe, l'odorat, le toucher, les sensations tant internes qu'externes n'est que difficilement pris en compte dans son ensemble et simultanément). Dispersion de ces expériences sensorielles qui certes, semblent présentes dans les premiers temps de la vie *in utero* de tout un chacun, mais dispersion qui va se poursuivre ici plus tardivement qu'à l'accoutumée. Pourtant, une fois considérées par ce « tiers », ces expériences évoluent vers une convergence qui permet leur intégration dans un processus de subjectivation. Ceci a été mis en évidence par les approches tant des neurosciences, cognitives et développementales que psychanalytiques.

Et c'est tout naturellement avec l'avancée de ces découvertes que l'on souhaite améliorer le dépistage. Plus précoce, le dépistage, par des équipes ayant une représentation favorable du devenir possible de l'enfant, deviendrait moins traumatique, pour autant que cela puisse être possible. Par ailleurs, comment annoncer un diagnostic à des parents si l'on en a une représentation très défavorable ? Le faire sans doute dans des centres hospitaliers, universitaires ou non, mais surtout dans des espaces de taille humaine et dans une logique de proximité du domicile familial ! Avec des professionnels bien formés, et d'abord, accueillants. Car la qualité de l'accueil est déjà un accompagnement, facteur favorable de l'évolution de la famille, de l'enfant. Ce dépistage précoce doit considérer les parents dans leur temps. Parents qui ont plus que jamais besoin de garder vives leurs fonctions parentales (au sens de ne pas devoir s'en remettre les yeux fermés aux professionnels, quelles que soient leurs orientations et expertises éventuelles). Finalement, pour chacun, il s'agit de trouver sa place, de la penser, de la confronter à l'autre et de l'ajuster ou de l'adapter. S'ajuster comme famille avec son temps, son questionnement, sa singularité. S'ajuster comme professionnel avec son accueil, son expérience et recevoir ces enfants avec autisme, avec tout ce qu'ils tentent d'exprimer de la complexité d'être au monde et d'être avec. À nous d'apprendre de ces enfants et de tenir compte de leurs façons singulières de s'humaniser !

Ce livre d'Olivia Cattan propose un témoignage vivifiant, dérange les obscurantismes de tous bords et trace les perspectives d'un monde meilleur.

Jean-François Havreng a exercé les métiers de médecin psychiatre et de directeur d'établissements. Il a assuré pendant dix ans la charge d'un petit hôpital, unique en France, dédié aux enfants sourds et/ou aveugles présentant des troubles envahissants du développement.

Table des matières

Préambule : L'autiste invisible 9
I : L'autre chemin 11
II : Un petit génie 13
III : Blessure d'enfance 21
IV : Le parcours du combattant. Acte I 25
V : Première rentrée 33
VI : Porter plainte 43
VII : La suspicion 47
VIII : Vous avez dit autiste ? 51
IX : Première évaluation 53
X : Le parcours du combattant. Acte II 59
XI : Disputes sur le divan 63
XII : Le déclic 67
XIII : Rencontre avec Mariana Loupan 71
XIV : Le doute 75
XV : L'exil de Paris à Jérusalem 81
XVI : Le professeur 85
XVII : Premiers jours au centre Feuerstein 91
XVIII : Le sixième jour 113

XIX : À pas de géant 121
XX : Le jeu en partage 131
XXI : La ronde du bonheur 137
XXII : C'est à vous de jouer 141
XXIII : Le parcours du combattant. Acte III 147
XXIV : L'école, un droit fondamental 157
XXV : L'autisme, un business florissant 163
XXVI : L'intégration scolaire, un combat quotidien 177
XXVII : Un élève parmi les autres élèves 183
XXVIII : Autiste, un mot étiquette 193
XXIX : Une discrimination ordinaire 199
XXX : Du manque de formation aux jugements sectaires ... 209
XXXI : La grande école 215
XXXII : De guerre lasse 225
XXXIII : La politique de l'autruche 233
XXXIV : Mes larmes à l'Élysée 243
XXXV : La guerre est déclarée 251
Conclusion 257
Remerciements 263
Postface : Dr Corinne Skorupka 265
Témoignage : Jean-François Havreng 275

Composition :
L'atelier des glyphes

Achevé d'imprimer en février 2014
sur les presses de la Nouvelle Imprimerie Laballery
58500 Clamecy
Dépôt légal : février 2014
N° d'impression : 402076

Imprimé en France

La Nouvelle Imprimerie Laballery est titulaire de la marque Imprim'Vert®